国家示范性高等职业院校课程改革教材

Qiaoliang Shangbu Jiegou Xianchang Jiaozhu Shigong

桥梁上部结构现场浇筑施工

（道路桥梁工程技术专业）

马 亮 朱芳芳 编著
欧阳伟 主审

人民交通出版社

内 容 提 要

本书是国家示范性高等职业院校课程改革教材。本书以任务驱动的方式，理论联系实际，使学生掌握理论知识和操作技能。全书共六个学习情境，分别是：识读、审核施工图纸，成品及半成品试验，施工组织设计，施工测量，上部结构现浇施工，上部结构质量检测与评定。

本书为高职高专院校道路桥梁工程技术专业教学用书，也可供从事桥梁工程施工和监理工作的人员学习参考。

图书在版编目（CIP）数据

桥梁上部结构现场浇筑施工 / 马亮等主编．—北京：人民交通出版社，2010.3

ISBN 978-7-114-08222-1

Ⅰ．桥… Ⅱ．马… Ⅲ．桥梁结构：上部结构－现浇钢筋混凝土施工 Ⅳ．U445.57

中国版本图书馆 CIP 数据核字（2010）第 025482 号

国家示范性高等职业院校课程改革教材

书　　名：桥梁上部结构现场浇筑施工（道路桥梁工程技术专业用）
著 作 者：马　亮　朱芳芳
责任编辑：周往莲
出版发行：人民交通出版社
地　　址：（100011）北京市朝阳区安定门外外馆斜街3号
网　　址：http：//www.ccpress.com.cn
销售电话：（010）59757969，59757973
总 经 销：人民交通出版社发行部
经　　销：各地新华书店
印　　刷：北京交通印务实业公司
开　　本：787×1092　1/16
印　　张：8.5
字　　数：203千
插　　页：1
版　　次：2010年 3 月第 1 版
印　　次：2010年 8 月第 2 次印刷
书　　号：ISBN 978-7-114-08222-1
定　　价：35.00元

道路桥梁工程技术专业课程改革教材
编审委员会

序　言

教育部《关于全面提高高等职业教育教学质量的若干意见》(教高[2006]16号)明确指出:“高等职业教育作为高等教育发展中的一个类型,肩负着培养面向生产、建设、服务和管理第一线需要的高技能人才的使命。”探索类型发展道路、构建高技能人才培养模式、开发特色教学资源,是高职院校的历史责任。

2006年,辽宁省交通高等专科学校进入国家首批高等职业教育示范院校建设行列,道路桥梁工程技术专业是重点建设专业之一。几年来,该专业团队积极在“类型”概念下探索高等职业教育教学资源建设模式和“高技能人才”培养规格及培养模式。通过对公路建设工程整个过程各阶段的职业岗位和典型工作任务的调研、分析、论证,确定了面向施工一线的道路桥梁工程技术专业高技能人才的专业能力规格,即工程勘察与初步道桥设计、工程概算与招投标、材料试验与检测、道桥工程施工与组织、质量验收与评定“五项能力”规格,并结合北方地域气候特点,构建了教学安排与施工季节相结合、教学内容与施工过程相结合、校内实训与企业顶岗实习相结合的“三个结合”人才培养模式。针对“五项能力”,按照“三个结合”,着眼于实际操作、技术跟踪、综合素质的提高,系统开展课程体系、课程内容改革,并进行相应的教学资源建设,力图通过“在学习中工作,在工作中学习”的教学过程,实现高技能人才的培养目标。

本次出版的系列教材,是专业课程改革和教学资源建设的阶段性成果,是国家示范性建设成果的组成部分,也是全体专业教师、一线工程技术人员共同的智慧结晶和劳动成果。

本书第一、五学习情境由朱芳芳撰写,第二、三、四、六学习情境由马亮编写。全书由马亮、朱芳芳共同编著,欧阳伟主审。

在教材的开发过程中,得到教育部、国家示范性高等职业院校建设工作协作委员会、辽宁省教育厅等各级领导和诸多专家的关心指导,得到众多企业、行业及兄弟院校的大力支持,在此一并致以崇高的谢意!

由于开发时间短,教学检验尚不充分,错误和不当之处难免,敬请专家、同行指教!

道路桥梁工程技术专业教材开发组

二〇〇九年四月

目　　录

学习情境 1

识读、审核施工图纸

情境导入

对于城市桥梁，一般多为曲线桥，且要求桥面宽、上部建筑高度较小，以利于桥下通车，此时对桥的整体性及抗扭要求高，因此多采用现浇法施工。另外，对于预应力混凝土简支体系桥梁，跨径一般不超过50m，当需要更大的跨径时，宜修建其他体系桥梁，如悬臂梁、连续梁、连续刚构等，施工也常采用现浇。由于梁中一般同时存在正、负弯矩区段，通常采用箱形截面梁，其构造较复杂，建桥的全部工作都在施工现场进行。由于全桥在纵向和横向都是现场整体浇筑，所以结构整体性好，可以按需要做成各种外形。现浇有满堂支架现浇和悬臂现浇两种方法，无论采用哪种方法，在施工前均应识读、审核施工图纸。

学习目标

【知识目标】 具备识图能力，掌握上部现浇桥型的构造和配筋原理，能够看懂施工图纸，并能审核图纸及工程量是否准确。

【能力目标】 正确审核桥梁上部结构施工图纸，准确核算工程数量，能正确指导施工。

1.0.1 桥梁类型

一、悬臂梁桥

将简支梁梁体加长,并越过支点就成为悬臂梁桥。仅梁的一端悬出的称为单悬臂梁,两端均悬出的称为双悬臂梁。可见,使用悬臂梁的桥型至少有三孔。在较长桥中,则可由单悬臂梁、双悬臂梁与简支挂梁联合组成多孔悬臂梁桥。习惯称悬臂梁主跨为锚跨。

悬臂梁利用悬出支点以外的伸臂,使支点产生负弯矩并对锚跨跨中正弯矩产生有利的卸载作用。图1-0-1中简支梁的各跨跨中恒载弯矩最大,无论单悬臂梁或双悬臂梁,在锚跨跨中的弯矩因支点负弯矩的卸载作用而显著减小,而悬臂跨中因简支挂梁的跨径缩短而跨中正弯矩也同样显著减小。从标志材料用量的弯矩图面积大小(绝对值之和)来看,悬臂梁也比简支梁小。

由此可见,与简支梁相比较,悬臂梁可以减小跨内主梁高度和降低材料用量,是比较经济的。

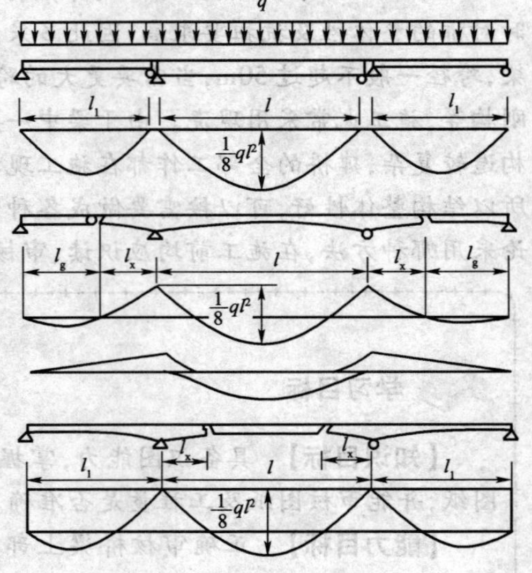

图1-0-1 简支梁与悬臂梁弯矩比较图

悬臂梁桥一般为静定结构,可在地基较差的条件下使用。在多孔桥中,墩上均只需设置一个支座,减小了桥墩尺寸,也节省了基础工程的材料用量。但是,无论是钢筋混凝土或预应力混凝土悬臂梁桥,在实际桥梁工程中均较少采用。主要原因是桥梁结构体系的应用与施工方法有着较密切的关联,而判断体系优劣的同时还需顾及结构的使用性能。悬臂梁虽然在力学性能上优于简支梁,可适用于更大跨径的桥型方案,但悬臂梁中同时存在正、负弯矩区段,通常采用箱形截面梁,其构造较复杂;跨径较大时,梁体重力过大,不易装配化施工,而往往要在费用昂贵的支架上现浇。钢筋混凝土悬臂梁,还因支点负弯矩区段存在,不可避免地将在梁顶产生裂缝,桥面虽有防护措施,但仍常因雨水侵蚀而降低使用性能。预应力混凝土悬臂梁桥虽无此患,并可采用节段悬臂施工,可它同连续梁一样,因支点是简单支承,施工时必须采用临时固定措施。但与连续梁相比,跨中要增加悬臂与挂梁间的牛腿、伸缩缝构造;在使用时,行车又不及连续梁平顺,除静定结构这个特点外,别的优点不多,因而也较少采用。

国内箱形薄壁钢筋混凝土悬臂梁桥最大跨径为55m,最大跨度的预应力混凝土悬臂梁桥是64.6m的成昆孙水河五号桥,国外一般在70~80m以下。世界上最大预应力混凝土悬臂梁桥跨径为150m,一般也在100m以下。

二、连续梁桥

将简支梁梁体在支点上连接形成连续梁。连续梁可以做成两跨或三跨一联的,也可以做成多跨一联的。每联跨数众多,联长就要加大,受温度变化及混凝土收缩等影响产生的纵向位移也就较大,使伸缩缝及活动支座的构造复杂化;每联长度太短,则使伸缩缝的数目增加,不利于高速行车。为充分发挥连续梁对高速行车平顺的优点，现代的伸缩缝及支座构造不断改进，最大设置伸缩缝伸缩长度已达660m，梁体的连续长度已达1 000m以上。如杭州钱塘江二桥公路桥为8孔一联预应力混凝土连续梁桥，跨径布置为45m+65m+14×80m+65m+45m，连续长度为1 340m。一般情况下，连续梁中间墩上只需设置一个支座，而在相邻两联连续梁的桥墩仍需设置两个支座。在跨越山谷的连续梁中，中间高墩也可采用双柱（壁）式墩，每柱（壁）上都设有支座，可削减连续梁支点的负弯矩尖峰。

连续梁在恒载作用下，由于支点负弯矩的卸载作用，跨中正弯矩显著减小，其弯矩图与同跨径悬臂梁相差不大。如悬臂梁的悬臂长度恰好与连续梁的弯矩零点位置相对应，则弯矩图就完全一样。然而，连续梁在活载作用下，因主梁连续产生支点负弯矩，对跨中正弯矩仍有卸载作用，其弯矩分布要比悬臂梁合理。

钢筋混凝土连续梁桥同悬臂梁桥一样，因在施工上和使用上有前述缺点，仅在城市高架桥、小半径弯桥中有少量应用。而预应力混凝土连续梁的应用却非常广泛，尤其是悬臂施工法、顶推法、逐跨施工法在连续梁桥中的应用，能充分发挥预应力技术的优点使施工设备机械化，生产工厂化，从而提高了施工质量，降低了施工费用。连续梁的突出优点是结构刚度大，变形小，动力性能好，主梁变形挠曲线平缓，有利于高速行车。

而预应力混凝土连续梁设计中的一个特点是，必须以各个截面的最大正、负弯矩的绝对值之和，也即按弯矩变化幅值布置预应力束筋。实际上支点控制设计的是负弯矩，跨中控制设计的是正弯矩（因支点上的活载正弯矩与恒载负弯矩之和为负弯矩；跨中活载负弯矩与恒载正弯矩之和为正弯矩）。在梁体中，弯矩有正、负变号的区段仅在支点到跨中的某一区段。这样，预应力束筋并不增加太大的用量，就能满足设计要求。反之，在活载较大的铁路桥上及恒载弯矩占总弯矩比例不大的小跨径连续梁桥上，因预应力筋节省有限，施工较简支梁复杂，经济效益差，因而较少采用预应力结构。

为克服钢筋混凝土连续梁因支点负弯矩在梁顶面产生裂缝而影响使用年限，在支点负弯矩区段布置预应力束筋，以承担荷载产生的负弯矩，在梁的正弯矩区段仍布置普通钢筋，构成局部预应力混凝土连续梁。这种结构具有良好的经济及使用效果，施工较预应力混凝土连续梁方便，目前，在城市高架桥中已基本取代钢筋混凝土连续梁。

连续梁是超静定结构，基础不均匀沉降将在结构中产生附加内力，因此，对桥梁基础要求较高，通常宜用于地基较好的场合。此外，箱梁截面局部温差，混凝土收缩、徐变及预加应力，均会在结构中产生附加内力，增加了设计计算的复杂性。

钢筋混凝土连续梁桥跨径一般不超过25～30m，预应力连续梁常用跨径为40～160m。其最大跨径受支座最大吨位限制，目前国内最大跨径的连续梁是南京长江二桥北汊桥（跨径布置为90m+3×165m+90m）。如果采用墩上双支座，消去结构在支座区的弯矩高峰，它的跨径可以达到200m。

三、T形刚构桥

T形刚构是一种墩梁固结、具有悬臂受力特点的梁式桥。因墩上两侧伸出悬臂，形同“T”字，由此得名。

由于悬臂梁承受负弯矩，T形刚构桥几乎都是预应力混凝土结构。20世纪50年代至70年代，因采用悬臂施工方法，预应力混凝土T形刚构发展较快。我国跨度最大的T形刚构桥是1980年建成的主跨174m的重庆长江大桥。世界上最大跨度的预应力混凝土T形刚构桥是1978年建成的跨度为270m的巴拉圭的Paragual桥。另外,日本滨名大桥主跨为240m。

预应力混凝土T形刚构分为跨中带剪力铰和跨中设挂梁两种基本类型。带铰的T形刚构桥,是国外20世纪50年代初开始采用的一种桥型,它的上部结构全部是悬臂部分,相邻两悬臂通过剪力铰相连接。所谓剪力铰是一种只能传递竖向剪力,但不能传递水平推力和弯矩的联结构造。当在一个T形结构单元上作用有竖向力时,相邻的T形单元将因剪力铰的存在而同时受到作用,从而减轻了直接受荷的T形单元的结构内力。从结构受力与牵制悬臂变形来看,剪力铰起了有利作用。带铰的、对称的T形刚构桥在恒载作用下是静定结构,在活载作用下是超静定结构。带铰的T形刚构桥由于受日照温差、混凝土收缩及徐变和基础不均匀沉降等因素的影响,剪力铰两侧悬臂的挠度不会相同,必然产生附加内力。这些挠度和附加内力事先难以准确估计,又不易采取适当措施加以清除或调整。另外,中间铰结构复杂,用钢量和费用也将增加。此外,在运营中发现,铰处往往因下挠形成折角,导致车辆跳动,且剪力铰也易损坏。

带挂孔的T形刚构是静定结构,与带铰的T形刚构相比,虽由于各个T构单元单独作用而在受力和变形方面略差一些,但它受力明确,不受各种内外因素的影响。此外,带挂孔的T形刚构在跨内因有正、负弯矩分布,其总弯矩图面积要比带铰的T形刚构要小一些,虽增加了牛腿构造,但免去了结构复杂的剪力铰。其主要缺点是桥面上伸缩缝增多,对于高速行车不利;其次在施工中除了悬臂施工这道工序和机具设备外,还增加挂梁预制、安装工序及机具设备;此外,T构悬臂部分横截面布置还受到挂梁的限制。目前国内主要是采用带挂孔的T形刚构桥。但需要指出,带铰的T形刚构仍不失为预应力混凝土桥中的一个比选桥型。这主要是与连续梁相比,同样采用悬臂施工方法,而后者要增加两道施工工序:一是在墩上临时固结以利于悬臂施工;二是在跨中要合龙。T形刚构桥虽桥墩粗大,但在大跨径桥中省去了价格昂贵的大型支座和避免今后更换支座的困难。它在跨中有一伸缩缝,行车平顺条件虽不如连续梁,但由于上述各种因素,其综合的材料用量和施工费用却比连续梁经济。当然,在结构刚度、变形、动力性能方面,T形刚构都不如连续梁。

钢筋混凝土T形刚构常用跨径在40~50m左右,预应力混凝土T形刚构的常用跨径为60~200m。

必须指出,预应力混凝土T形刚构的受力特点是长悬臂体系,全跨以承受负弯矩为主,预应力束筋布置于梁的顶面,它与节段悬臂施工方法的协调配合是它的主要特点,并为这种桥型施工的悬空作业机械化、装配化提供了有利条件,尤其对跨越深水、深谷、大河、急流的大跨径桥梁,施工十分有利,并能获得满意的经济指标。

20世纪50年代初期,开创了悬臂施工方法,T构得以迅猛发展。但在构造上由于增加了伸缩缝,以及跨中铰和挂梁的存在,在营运上对高速行车不利,且剪力铰和牛腿易损坏。这种桥从20世纪60年代到80年代初修建较多,80年代以后基本不再修建了。进入20世纪90年代,国内高速公路迅猛发展,要求行车平顺舒适,T构已不适用,连续梁与连续T构就获得广泛应用。

四、连续刚构桥

连续刚构是将T形刚构粗厚桥墩减薄,形成柔性桥墩,使墩梁固结、主梁连续形成连续刚构桥,它是T形刚构与连续梁结合的一种新型体系。如图1-0-2。

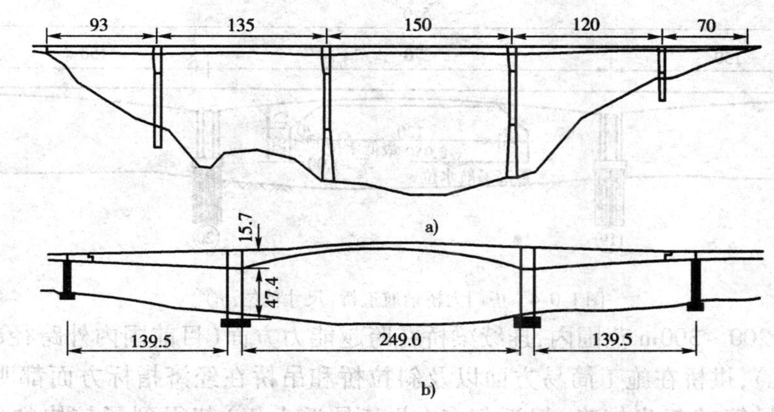

图 1-0-2　连续刚构桥概貌(尺寸单位:m)

a) Montue 桥;b) Cateway 桥

连续刚构桥具有如下特点:

(1)连续刚构桥的结构特点是主梁连续、墩梁固结,既保持了连续梁无伸缩缝、行车平顺的优点,又保持了 T 形刚构不设支座、无需体系转换的优点,方便施工,而且很大的顺桥向抗弯刚度和横桥向抗扭刚度能很好地满足较大跨径的受力要求。因此,它是一种极有生命力的桥梁结构形式,已成为大跨度预应力混凝土桥梁的首选桥型。

(2)柔性桥墩可以适应结构由预加力、混凝土收缩及徐变和温度变化所引起的纵向位移,为减小水平位移在墩中产生的弯矩,连续刚构桥常采用水平抗推刚度较小的高墩和双薄壁墩。当跨越山沟、河谷地形时,可采用单薄壁柔性高墩连续刚构体系;当跨径较大而墩的高度不高时,为增加墩的柔性,常采用双薄壁墩,此外,双薄壁墩还具有削减墩顶负弯矩峰值的作用。

(3)连续刚构桥梁内的内力分布更加合理。合理选择墩的刚度,能够有效减少主梁内的弯矩,有利于增大跨径。同连续梁比较,在活载作用下,连续刚构的正弯矩比连续梁的小,两者负弯矩较接近;在恒载作用下,两者的弯矩也比较接近。墩梁固结节省了大型支座的昂贵费用,减少了墩及基础的工程量,并改善了结构在水平荷载(例如地震荷载)作用下的受力性能,即各柔性墩按刚度比分配水平力(图 1-0-3)。目前,最大跨径已达 301m(挪威 Stolma 桥,跨径布置为 94m + 301m + 72m)。国内最大跨径的连续刚构桥是主跨 270m 的虎门大桥辅航道桥,如图 1-0-4。

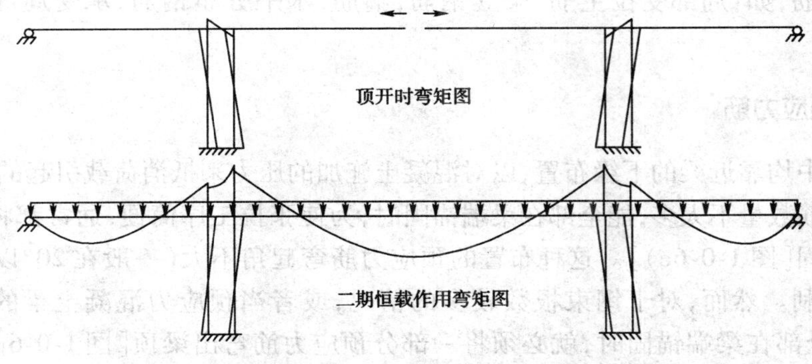

图 1-0-3　连续刚构桥的弯矩图

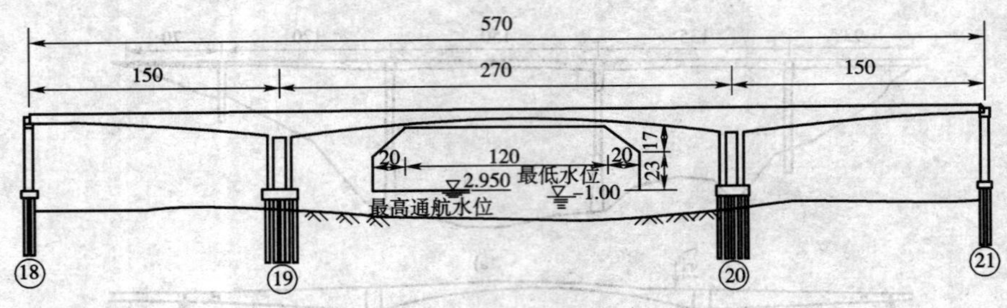

图 1-0-4　虎门大桥辅航道桥(尺寸单位:m)

(4)跨径在 200 ~ 300m 范围内,连续梁桥在跨越能力方面(目前国内外跨径超过 200m 的连续梁寥寥无几),拱桥在施工简易方面以及斜拉桥和吊桥在经济指标方面都明显不如连续刚构桥。因此,尽管其起步较晚,但近年来(尤其是近十年)却得到了较快的发展,在主跨 200 ~ 300m 范围内几乎被连续刚构所垄断。可以说,连续刚构桥的出现,不仅丰富了桥梁家族的成员,也是科技进步的体现。

(5)连续刚构桥的上部结构形式有利于悬臂施工,悬臂施工适合于梁的上翼缘承受拉应力的桥梁形式,因为悬臂施工的受力与桥梁建成后受力较接近,一般采用平衡悬臂浇筑施工,如图 1-0-5。

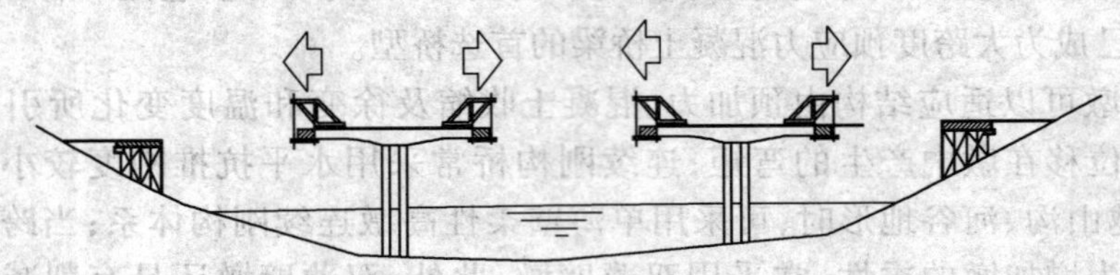

图 1-0-5　平衡悬臂浇筑施工

(6)连续刚构桥薄壁墩是柔性的,因此必须采取防撞措施。例如,广州洛溪大桥在通航孔的双薄壁墩设防撞围堰,虎门大桥辅航道桥设置了防撞岛等。

1.0.2　钢筋类型

现浇施工采用后张法预应力混凝土结构,结构配筋除了主要的纵向预应力筋外,还有一些非预应力筋,如:局部受拉主筋,架立钢筋,箍筋,水平分布钢筋,承受局部压力的钢筋骨架。

一、纵向预应力筋

主筋在跨中均靠近梁的下缘布置,以对混凝土施加的压力来抵消荷载引起的拉应力。

当预应力筋数量不太多,能全部在梁端锚固时,为使张拉工序简便,通常都将预应力筋全部弯至梁端锚固[图 1-0-6c)]。这种布置的预应力筋弯起角不大(一般在 20°以下),这对减小摩阻损失有利。然而,对于钢束根数较多的情况,或者当预应力混凝土梁的梁高受到限制,以致不能全部在梁端锚固时,就必须将一部分预应力筋弯出梁顶[图 1-0-6d)]。这样的布置方式使张拉作业的操作稍趋繁复,使预应力筋的弯起角较大(达 25° ~ 30°),增大了摩阻引起的预应力损失,但能缩短预应力筋长度,节约钢材,对于提高梁的抗剪能力也更有利。

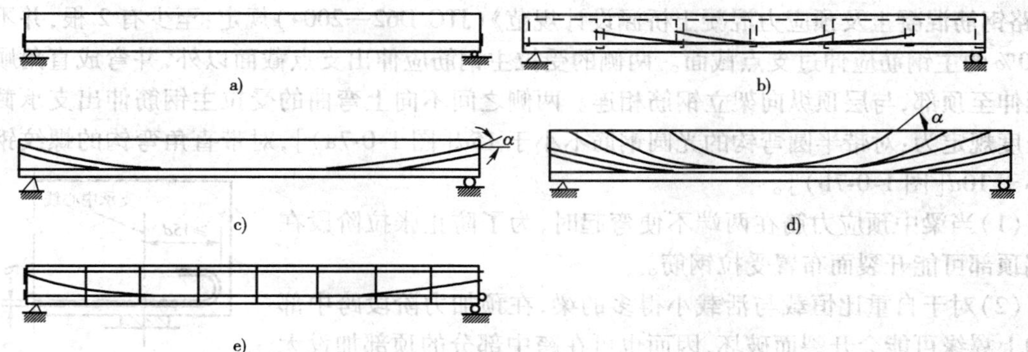

图 1-0-6　纵向预应力筋布置图式

在实际设计中,鉴于梁在跨中区段弯矩变化平缓以及荷载剪力也不大,故通常在三分点到四分点之间开始将预应力筋弯起。当然,预应力筋弯起后,截面亦必须满足破坏阶段的强度要求。

预应力筋起弯的曲线形状可以采用圆弧形、抛物线或悬链线三种,通常在曲线的矢跨比较小时,三者的各点坐标很接近。圆弧线施工放样简便,弯起角度较大,可得到较大的预剪力,故通常都在梁中部保持一段水平直线后并按圆弧弯起。悬链线的预应力筋(或制孔器)可利用其自重下垂达到规定线形,定位方便,但它在端部的起弯角度较小。预应力筋弯起的曲率半径,当采用钢丝束、钢绞线配筋时,一般不小于 4m。

预应力筋在跨中横截面内的布置,应在保证梁底保护层和位于索界内的前提下,尽量使其重心靠下,以增大预加力的偏心距,节省高强钢材。同时应使预应力筋在满足构造要求的同时,尽量相互靠拢,以减小下马蹄的尺寸。此外,还应将适当数量的预应力筋布置在腹板中线处,以便于起弯。

预应力筋在一定区段内逐渐弯起,有以下三个目的:

(1)简支梁的弯矩从跨中向支点逐渐减小,故预应力筋的偏心距也应逐渐减小,否则上缘的拉应力过大。必须将部分力筋弯起,以减小支点的负弯矩。

(2)临近支点的区段剪力很大,可用弯起预应力筋所产生的竖向分力来抵消它。

(3)分散梁端预压应力和便于布置锚具。

后张法预应力混凝土梁(包括连续梁和连续刚构边跨现浇段)的部分预应力钢筋,应在靠近端支座区段横桥向对称成对弯起,宜沿梁端面均匀布置,同时沿纵向可将梁腹板加宽。在梁端部附近,设置间距较密的纵向钢筋和箍筋。

预应力管道内径的截面积不应小于两倍预应力钢筋截面面积。

二、非预应力纵向受力钢筋

在预应力混凝土简支梁中,有时为了补充局部梁段内强度的不足,有时为了满足极限强度的要求,为了更好地分散裂缝和提高梁的韧性等,可以将无预应力的钢筋与预应力筋协同配置,这样往往能达到经济合理的效果。

1. 纵向主钢筋

纵向主钢筋的作用是承受弯矩、抵抗拉力。跨中部分的纵向主钢筋设置在梁肋的下缘，随着弯矩向支点处减少，主钢筋可在跨间适当位置处切断或弯起。主筋直径一般为 14 ~ 32mm。《公路钢筋混凝土及预应力混凝土桥涵设计规范》(JTG D62—2004)规定：至少有 2 根，并不少于 20% 的主钢筋应伸过支点截面。两侧的受拉主钢筋应伸出支点截面以外，并弯成直角顺梁端延伸至顶部，与层顶纵向架立钢筋相连。两侧之间不向上弯曲的受拉主钢筋伸出支承截面的长度规定为：对带半圆弯钩的光圆钢筋不小于 15d[图 1-0-7a)]，对带直角弯钩的螺纹钢筋不小于 10d[图 1-0-7b)]。

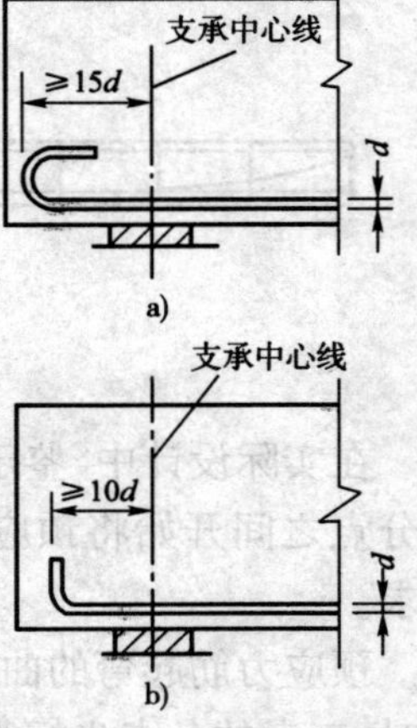

图 1-0-7　梁端主钢筋

(1)当梁中预应力筋在两端不便弯起时，为了防止张拉阶段在梁端顶部可能开裂而布置受拉钢筋。

(2)对于自重比恒载与活载小得多的梁，在预加力阶段跨中部分的上翼缘可能会开裂而破坏，因而也可在跨中部分的顶部加设无预应力的纵向受力钢筋。这种钢筋在运营阶段还能加强混凝土的抗压能力，在破坏阶段则可提高梁的安全度。

(3)在跨中部分下翼缘内设置的钢筋，多半是在全预应力梁中为了加强混凝土承受预加压力的能力。

(4)对于部分预应力梁也往往利用通常布置在下翼缘的纵向钢筋来补足极限强度的需要。并且这种钢筋对于配置不黏结预应力筋的梁能起分散裂缝的作用。

(5)无预应力的钢筋还能增加梁在反复荷载作用下的疲劳极限强度。

(6)支座处因存在负弯矩，要在梁的上部配置受拉主筋。

2. 纵向防裂分布钢筋

当 T 形梁梁肋高度大于 100cm 时，为了防止梁肋侧面因混凝土收缩等原因而导致裂缝，T 形、I 形截面梁或箱形截面梁的腹板两侧，应设置直径为 6 ~ 8mm 的纵向钢筋，每腹板内钢筋截面面积宜为(0.001 ~ 0.002) $b \times h$，其中，b 为腹板宽度，h 为梁的高度，其间距在受拉区不应大于腹板宽度，且不应大于 200mm，在受压区不应大于 300mm。在支点附近剪力较大区段和预应力混凝土梁锚固区段，腹板两侧纵向钢筋截面面积应予增加，纵向钢筋间距宜为 100 ~ 150mm。靠近下缘，混凝土拉应力也大，故布置得密些，在上部则可稀些。

3. 箍筋

箍筋的主要作用是组成钢筋骨架和增强主梁的抗剪强度。钢筋混凝土梁中应设置直径不小于 8mm 且不小于 1/4 主钢筋直径的箍筋，其配筋率，R235 钢筋不应小于 0.18%，HRB335 钢筋不应小于 0.12%。当梁中配有按受力计算需要的纵向受压钢筋或在连续梁、悬臂梁近中间支点位于负弯矩区的梁段，应采用闭合式箍筋，同时，同排内任一纵向受压钢筋，离箍筋折角处的纵向钢筋的间距不应大于 150mm 或 15 倍箍筋直径两者中较大者，否则，应设复合箍筋。相邻箍筋的弯钩接头，沿纵向其位置应交替布置。

箍筋间距不应大于梁高的 1/2，且不大于 400mm；当所箍钢筋为按受力需要的纵向受压钢筋时，不应大于所箍钢筋直径的 15 倍，且不应大于 400mm。在钢筋绑扎搭接接头范围内的箍筋间距，当绑扎搭接钢筋受拉时不应大于主钢筋直径的 5 倍，且不大于 100mm；当搭接钢筋受压时不应大于主钢筋直径的 10 倍，且不大于 200mm。在支座中心向跨径方向长度相当于不小于 1 倍梁高范围内，箍筋间距不宜大于 100mm。

近梁端第一根箍筋应设置在距端面一个混凝土保护层距离处。梁与梁或梁与柱的交接范围内可不设箍筋；靠近交接面的一根箍筋，其与交接面的距离不宜大于50mm。

箱形截面梁腹板内应分别设置直径不小于10mm和12mm的箍筋，且应采用带肋钢筋，间距不应大于250mm；自支座中心起长度不小于1倍梁高范围内，应采用闭合式箍筋，间距不应大于100mm。

4. 架立钢筋

布置在梁肋的上缘，主要起固定箍筋和斜筋并使梁内全部钢筋形成立体或平面骨架的作用，直径一般为10~22mm。

三、锚固区的加强钢筋

后张法预应力混凝土构件的端部锚固区，应力非常集中，在锚具附近不仅有很大的压应力，还有很大的拉应力。因此，为防止锚具附近混凝土裂缝，必须配置足够的钢筋予以加强。在锚具下面应设置厚度不小于16mm的垫板或采用具有喇叭管的锚具垫板。锚垫板下应设间接钢筋，加强钢筋网的网格约为100mm×100mm。锚下设置不小于16mm的钢垫板与Φ9的螺旋筋，以提高混凝土的抗裂性能。配置加密钢筋网的范围一般是1倍于梁高的区域。

四、钢筋的混凝土保护层

为了防止钢筋受到大气影响而锈蚀，并保证钢筋与混凝土之间的黏着力充分发挥作用，钢筋到混凝土边缘需要设置保护层。若保护层厚度太小，就不能起到以上作用，太大则混凝土表层因距离钢筋太远容易破坏，且减小了钢筋混凝土截面的有效高度，受力情况也不好。因此，《公路钢筋混凝土及预应力混凝土桥涵设计规范》(JTG D62—2004)规定：普通钢筋和预应力直线形钢筋的最小混凝土保护层厚度(钢筋外缘或管道外缘至混凝土表面的距离)不应小于钢筋公称直径，后张法构件预应力直线形钢筋不应小于其管道直径的1/2，且应符合表1-0-1的规定。

普通钢筋和预应力直线形钢筋最小混凝土保护层厚度(mm) 表1-0-1

序号	构件类别	环境条件		
		Ⅰ	Ⅱ	Ⅲ、Ⅳ
1	基础、桩基承台： (1)基坑底面有垫层或侧面有模板(受力主筋)； (2)基坑底面无垫层或侧面无模板(受力主筋)	 40 60	 50 75	 60 85
2	墩台身、挡土结构、涵洞、梁、板、拱圈、拱上建筑(受力主筋)	30	40	45
3	人行道构件、栏杆(受力主筋)	20	25	30
4	箍筋	20	25	30
5	缘石、中央分隔带、护栏等行车道构件	30	40	45
6	收缩、温度、分布、防裂等表层钢筋	15	20	25

注：对于环氧树脂涂层钢筋，可按环境类别Ⅱ取用。

当受拉区主筋的混凝土保护层厚度大于50mm时，应在保护层内设置直径不小于6mm、间距不大于100mm的钢筋网。

公路桥涵应根据其所处环境条件进行耐久性设计。结构耐久性的基本要求，应符合表1-0-2的规定。

结构耐久性的基本要求　　表1-0-2

环境类别	环 境 条 件	最大水灰比	最小水泥用量（kg/m^3）	最低混凝土强度等级	最大氯离子含量（%）	最大碱含量（kg/m^3）
Ⅰ	温暖或寒冷地区的大气环境、与无侵蚀性的水或土接触的环境	0.55	275	C25	0.30	3.0
Ⅱ	严寒地区的大气环境、使用除冰盐环境、滨海环境	0.50	300	C30	0.15	3.0
Ⅲ	海水环境	0.45	300	C35	0.10	3.0
Ⅳ	受侵蚀性物质影响的环境	0.40	325	C35	0.10	3.0

注：①有关现行规范对海水环境中结构混凝土的最大水灰比和最小水泥用量有更详细规定时，可参照执行；

②表中氯离子含量系指其与水泥用量的百分率；

③当有实际工程经验时，处于Ⅰ类环境中结构混凝土的最低强度等级可比表中降低一个等级；

④预应力混凝土构件中的最大氯离子含量为0.06%，最小水泥用量为350kg/m^3，最低混凝土强度等级为C40或按表中规定Ⅰ类环境提高三个等级，其他环境提高两个等级；

⑤特大桥和大桥混凝土中的最大碱含量宜降至1.8kg/m^3，当处于Ⅲ类、Ⅳ类或使用除冰盐和滨海环境时，宜使用非碱活性集料。

受弯构件的钢筋净距应考虑浇筑混凝土时，振捣器可以顺利插入。

各主钢筋间横向净距和层与层之间的竖向净距，当钢筋为三层及以下时，不应小于30mm，并不小于钢筋直径；当钢筋为三层以上时，不应小于40mm，并不小于钢筋直径的1.25倍。对于束筋，此处直径采用等代直径。

五、钢筋焊接

在焊接钢筋骨架时，为保证焊接质量，使焊缝处强度不低于钢筋本身强度，焊缝的长度必须满足下述要求：

（1）对于利用主钢筋弯起的斜筋，在起弯处应与其他主筋相焊接，可采用每边各长2.5d的双面焊缝或一边长5d的单面焊缝（图1-0-8）。弯起钢筋的末端与架立钢筋（或其他主筋）相焊接时，采用长5d的双面焊缝或10d的单面焊缝（图1-0-8）。其中，d为受力钢筋直径。

（2）对于附加的斜筋，其与主筋或架立筋的焊缝长度，采用每边各长5d的双面焊缝或一边长10d的单面焊缝。

（3）各层主钢筋相互焊接固定的焊缝长度，采用2.5d的双面焊缝或5d的单面焊缝（图1-0-8）。

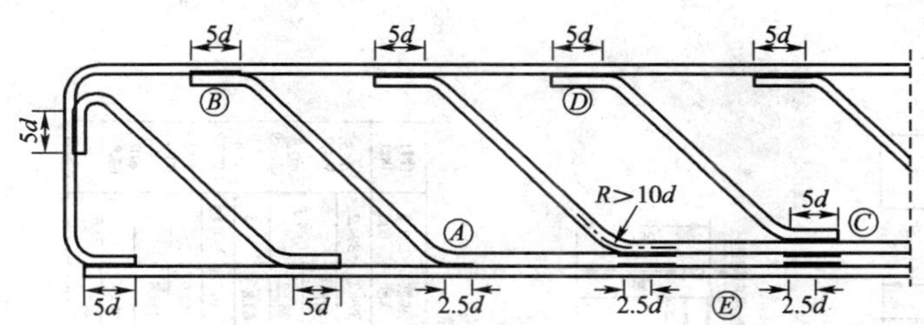

图 1-0-8　焊接钢筋骨架焊缝尺寸图
（图中尺寸为双面焊缝，单面焊缝应加倍）

1.0.3　识读、审核施工图纸

一、案例简介

某桥梁起点桩号为 DK0 +997.470，终点桩号为 DK1 +288.470，全长 291.0m。桥梁跨径为(4-25m) +(25m +2 -30m +25m) +(3 -25m)。本桥为单幅桥，各联上部结构均为现浇预应力混凝土连续箱梁。

本桥平面位于 $R=300$m 的左偏圆曲线上，桥面横坡为 6%。桥梁纵断面处在 3.5%、-3.5% 及竖曲线半径 $R=5\ 000$m 的凸形竖曲线上。桥梁横坡依箱梁顶底板斜置形成，腹板铅垂，纵坡以墩柱不等高调整。

混凝土：预应力现浇箱梁采用 C50 混凝土，桥面铺装为 10cm 沥青混凝土。砂、石集料宜就地取材，但应经过试验，并符合《公路桥涵施工技术规范》(JTJ 041—2000)有关条款的要求。

预应力钢材：采用通过省部级鉴定的专业厂家生产的产品，符合国家标准和行业规范的规定。

普通钢材：除特殊要求外，普通钢筋应满足直径≥12mm 者采用 HRB335 钢筋，直径小于 12mm 者采用 R235 钢筋。钢板采用 16Mn 或 A3 钢板。

预应力锚具：现浇箱梁采用圆锚(如 OVM15 系列锚具)及其配套锚垫板、螺旋圈；千斤顶采用锚具生产厂家指定型号；预应力管道采用预埋金属波纹管成孔。

伸缩装置：桥台采用 D80 型异型钢桥面伸缩装置；各连接墩采用 D160 型异型钢桥面伸缩装置。

支座：均采用盆式支座。

伸缩装置及支座必须是通过省部级鉴定的专业厂家的产品。

二、设计要点

(1)各联桥结构形式为连续箱梁，悬臂长 2.50m，为单箱双室箱梁，支座处箱梁底设承托调平纵坡，保证支座平置。

(2)各联桥箱梁一次浇筑完成，预应力连续箱梁采用“桥梁综合计算程序”，对上部结构整体分析，对各受力阶段进行内力、应力、位移等校核。桥梁所受荷载除结构自重、活载外还考虑了二期恒载(桥面铺装、防撞护栏等)、温度、不均匀沉降、混凝土收缩、徐变等。

三、图纸识读、审核(图 1-0-9 ~ 图 1-0-16)

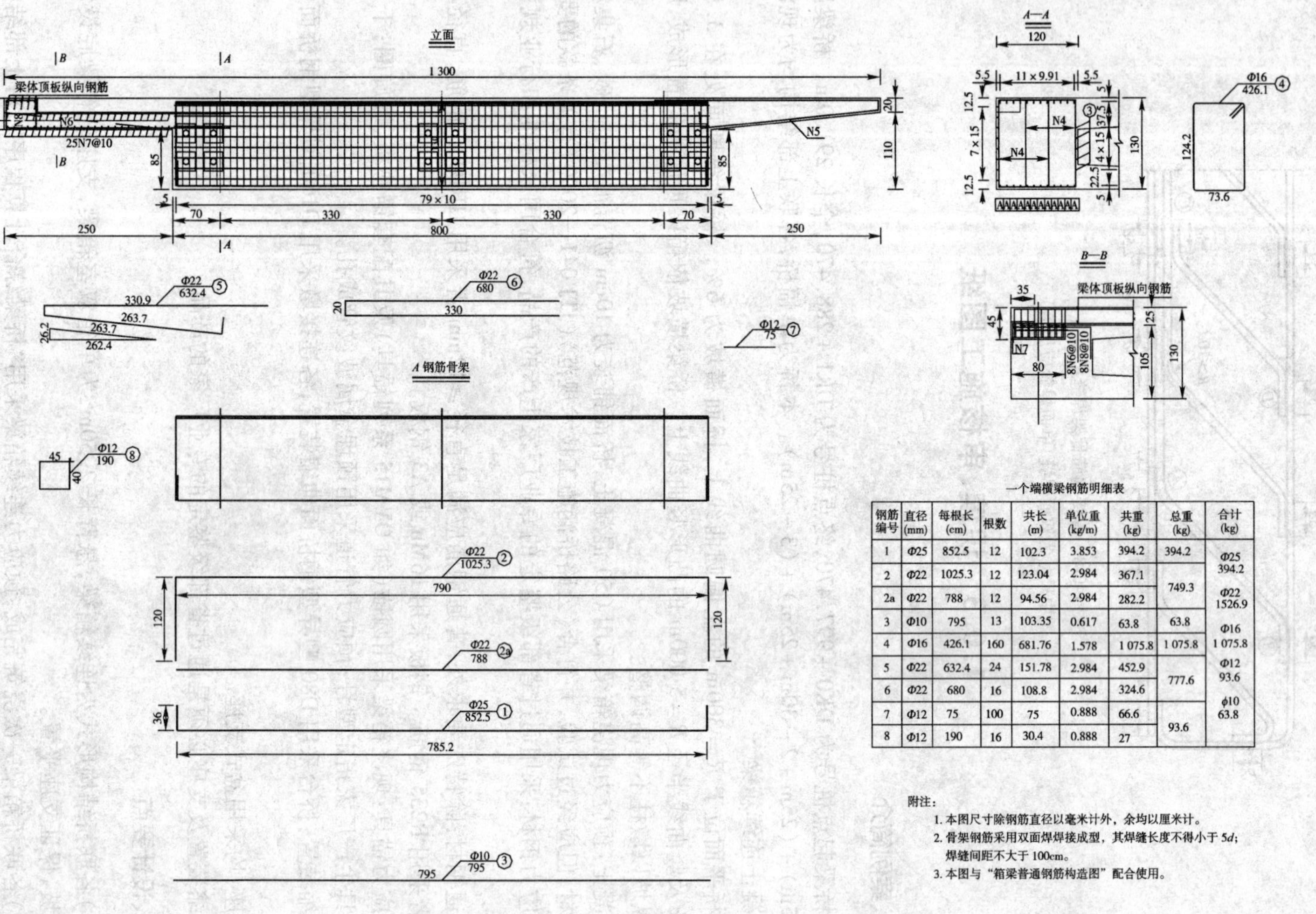

一个端横梁钢筋明细表

钢筋编号	直径 (mm)	每根长 (cm)	根数	共长 (m)	单位重 (kg/m)	共重 (kg)	总重 (kg)	合计 (kg)
1	Φ25	852.5	12	102.3	3.853	394.2	394.2	Φ25 394.2
2	Φ22	1025.3	12	123.04	2.984	367.1	749.3	Φ22 1526.9
2a	Φ22	788	12	94.56	2.984	282.2		
3	Φ10	795	13	103.35	0.617	63.8	63.8	Φ16 1 075.8
4	Φ16	426.1	160	681.76	1.578	1 075.8	1 075.8	
5	Φ22	632.4	24	151.78	2.984	452.9	777.6	Φ12 93.6
6	Φ22	680	16	108.8	2.984	324.6		
7	Φ12	75	100	75	0.888	66.6	93.6	φ10 63.8
8	Φ12	190	16	30.4	0.888	27		

附注：

1. 本图尺寸除钢筋直径以毫米计外，余均以厘米计。
2. 骨架钢筋采用双面焊焊接成型，其焊缝长度不得小于 $5d$；焊缝间距不大于 100cm。
3. 本图与“箱梁普通钢筋构造图”配合使用。

图 1-0-9　25m 跨径的端横梁钢筋图

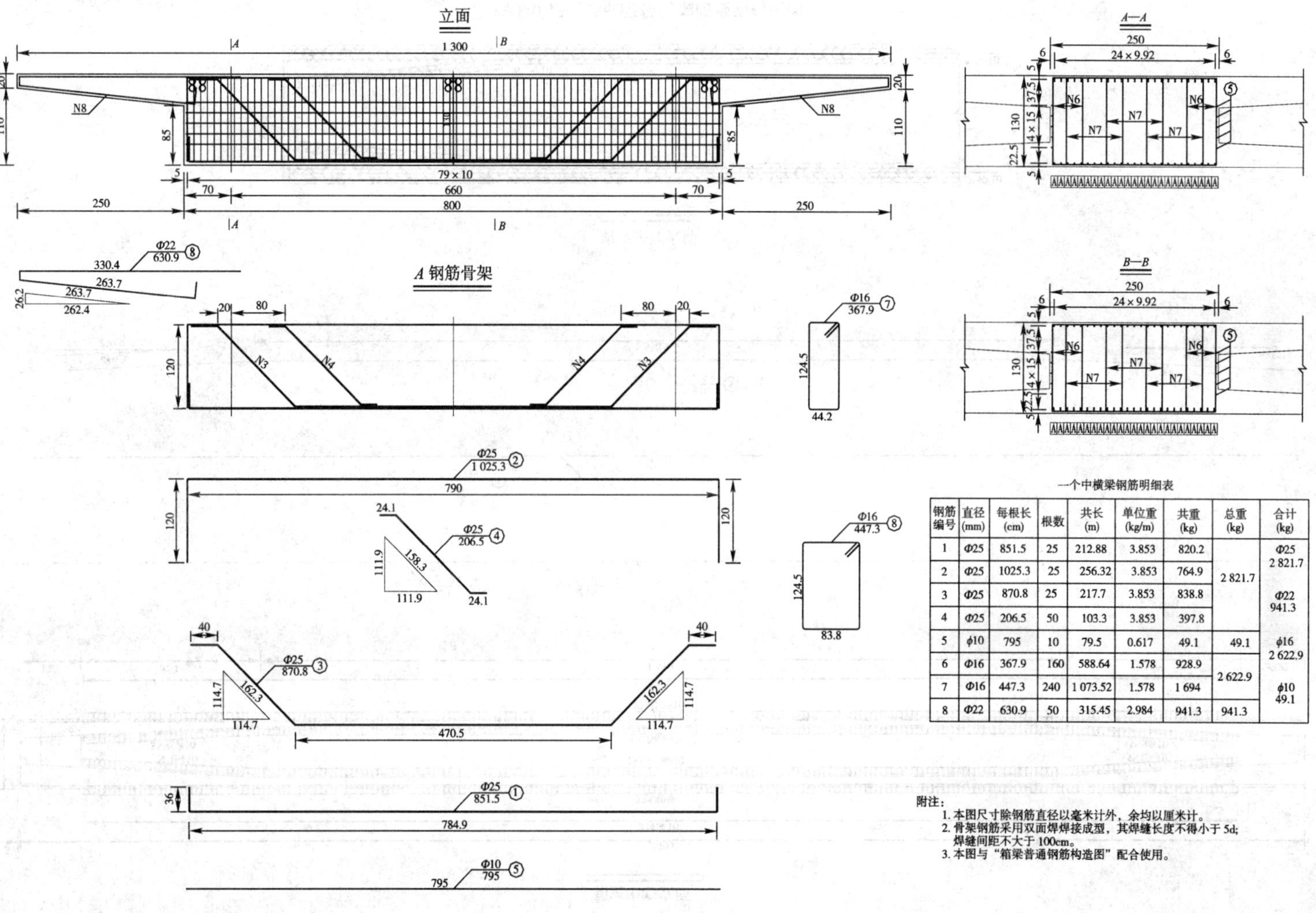

一个中横梁钢筋明细表

钢筋编号	直径 (mm)	每根长 (cm)	根数	共长 (m)	单位重 (kg/m)	共重 (kg)	总重 (kg)	合计 (kg)
1	Φ25	851.5	25	212.88	3.853	820.2	2 821.7	Φ25 2 821.7
2	Φ25	1025.3	25	256.32	3.853	764.9		
3	Φ25	870.8	25	217.7	3.853	838.8		Φ22 941.3
4	Φ25	206.5	50	103.3	3.853	397.8		
5	ϕ10	795	10	79.5	0.617	49.1	49.1	ϕ16 2 622.9
6	Φ16	367.9	160	588.64	1.578	928.9	2 622.9	
7	Φ16	447.3	240	1 073.52	1.578	1 694		ϕ10 49.1
8	Φ22	630.9	50	315.45	2.984	941.3	941.3	

附注：

1. 本图尺寸除钢筋直径以毫米计外，余均以厘米计。
2. 骨架钢筋采用双面焊焊接成型，其焊缝长度不得小于 5d；焊缝间距不大于 100cm。
3. 本图与“箱梁普通钢筋构造图”配合使用。

图 1-0-12　25m 跨径的中横梁钢筋图

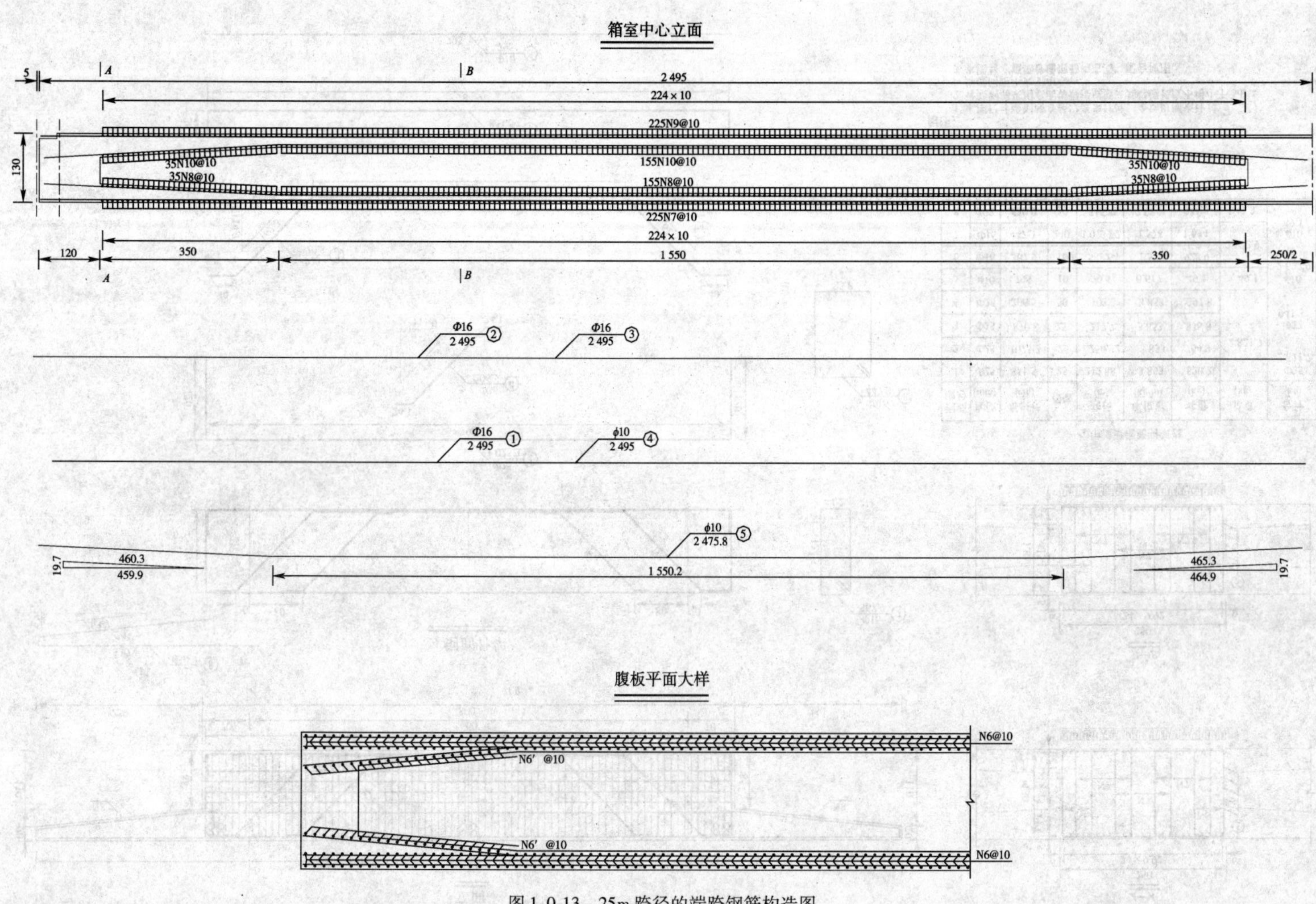

图 1-0-13　25m 跨径的端跨钢筋构造图

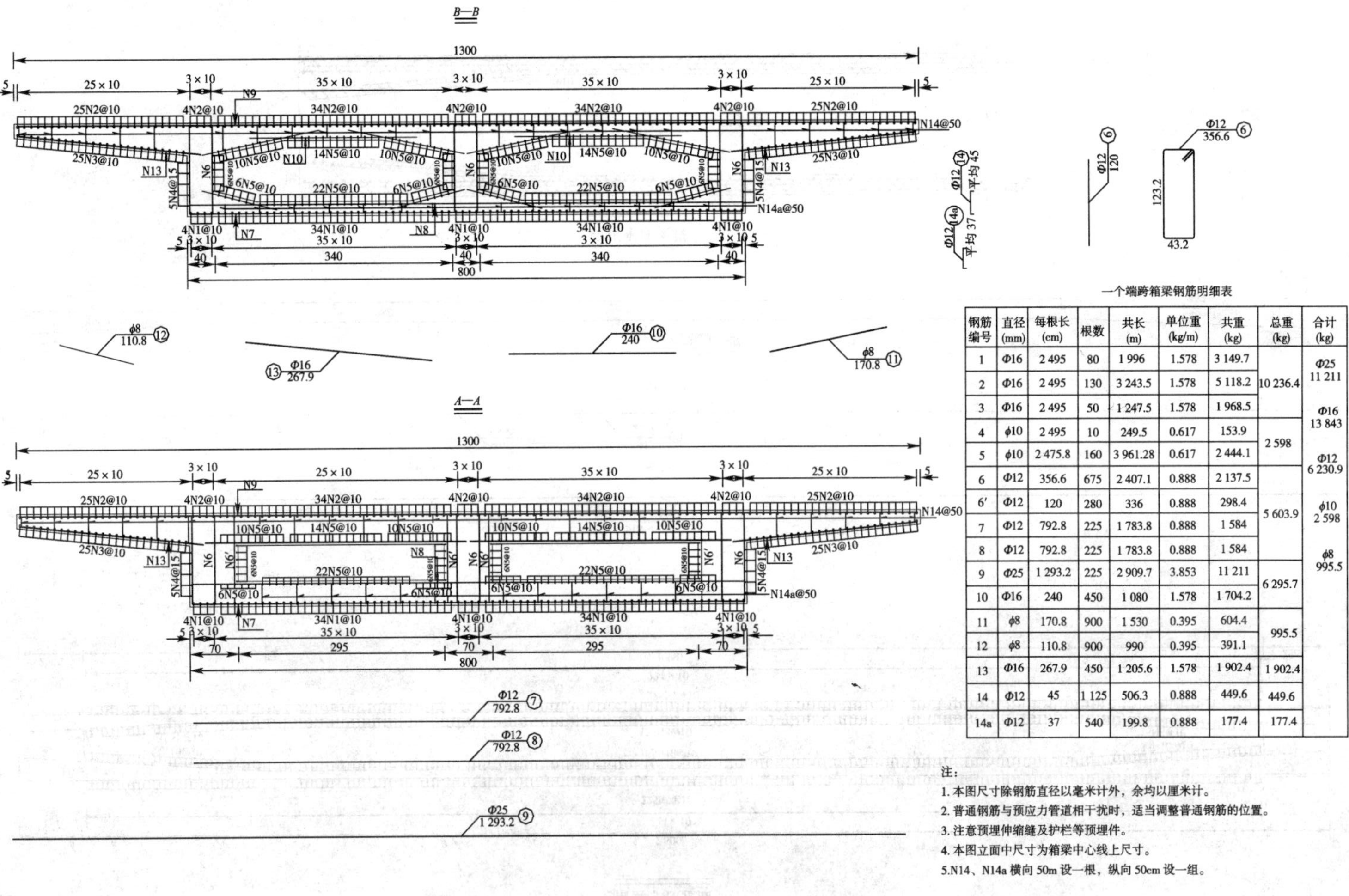

一个端跨箱梁钢筋明细表

钢筋编号	直径(mm)	每根长(cm)	根数	共长(m)	单位重(kg/m)	共重(kg)	总重(kg)	合计(kg)
1	Φ16	2 495	80	1 996	1.578	3 149.7	10 236.4	Φ25 11 211
2	Φ16	2 495	130	3 243.5	1.578	5 118.2		
3	Φ16	2 495	50	1 247.5	1.578	1 968.5		Φ16 13 843
4	ϕ10	2 495	10	249.5	0.617	153.9	2 598	
5	ϕ10	2 475.8	160	3 961.28	0.617	2 444.1		Φ12 6 230.9
6	Φ12	356.6	675	2 407.1	0.888	2 137.5	5 603.9	
6′	Φ12	120	280	336	0.888	298.4		ϕ10 2 598
7	Φ12	792.8	225	1 783.8	0.888	1 584		
8	Φ12	792.8	225	1 783.8	0.888	1 584		ϕ8 995.5
9	Φ25	1 293.2	225	2 909.7	3.853	11 211	6 295.7	
10	Φ16	240	450	1 080	1.578	1 704.2		
11	ϕ8	170.8	900	1 530	0.395	604.4	995.5	
12	ϕ8	110.8	900	990	0.395	391.1		
13	Φ16	267.9	450	1 205.6	1.578	1 902.4	1 902.4	
14	Φ12	45	1 125	506.3	0.888	449.6	449.6	
14a	Φ12	37	540	199.8	0.888	177.4	177.4	

注：
1. 本图尺寸除钢筋直径以毫米计外，余均以厘米计。
2. 普通钢筋与预应力管道相干扰时，适当调整普通钢筋的位置。
3. 注意预埋伸缩缝及护栏等预埋件。
4. 本图立面中尺寸为箱梁中心线上尺寸。
5. N14、N14a 横向 50m 设一根，纵向 50cm 设一组。

图 1-0-14　25m 跨径的端跨 $B—B$ 截面钢筋构造图

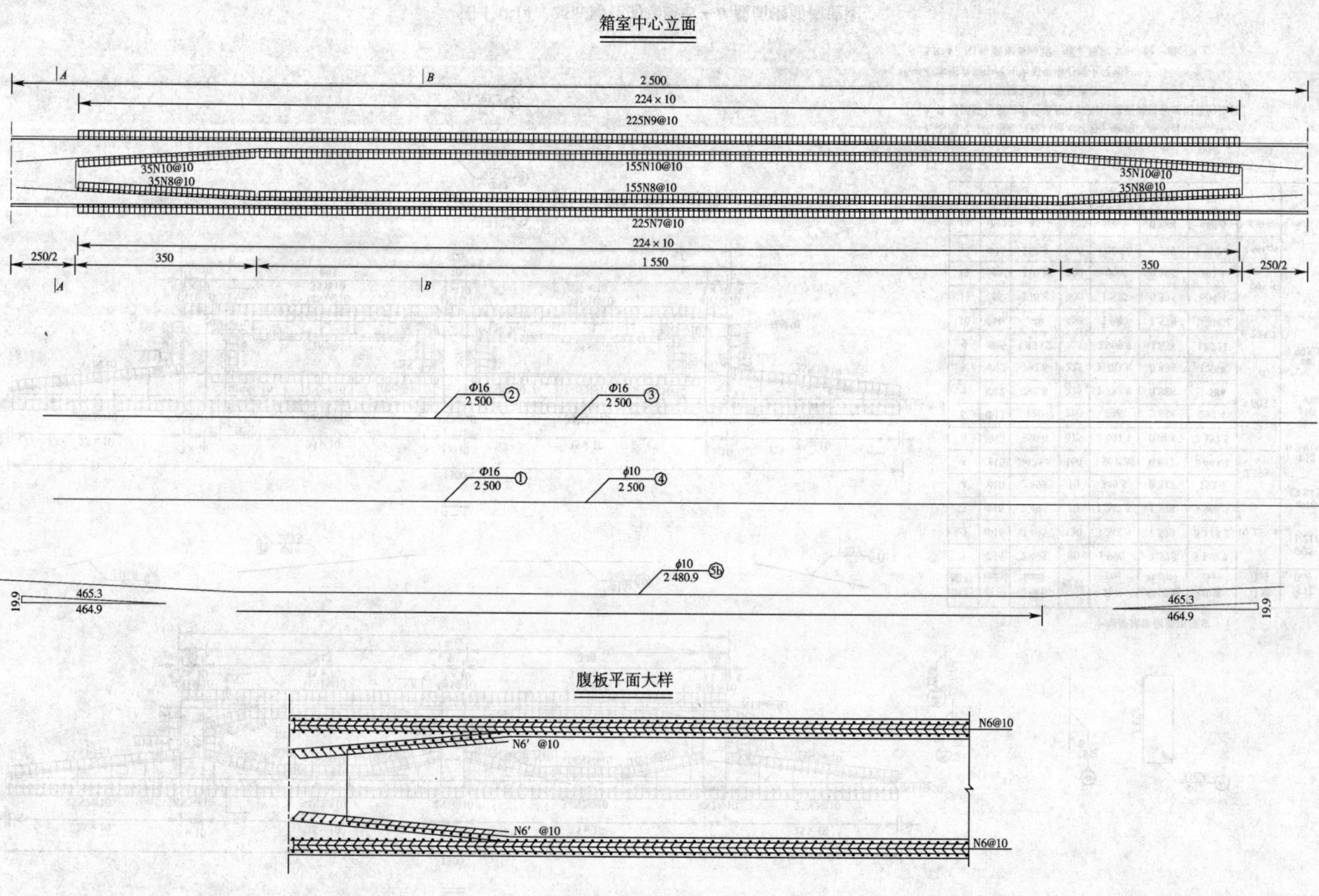

图 1-0-15　25m 跨径的中跨钢筋构造图

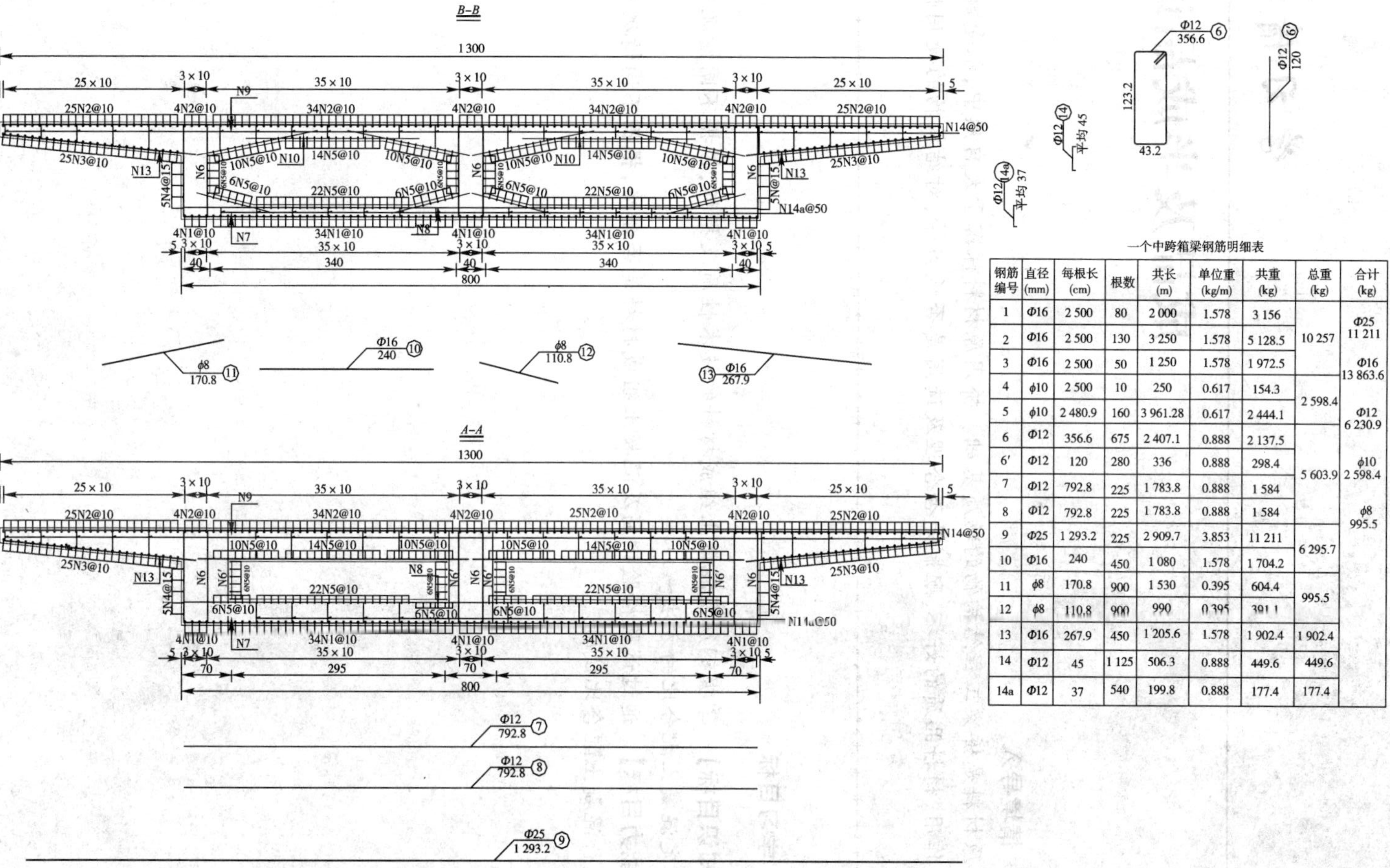

一个中跨箱梁钢筋明细表

钢筋编号	直径 (mm)	每根长 (cm)	根数	共长 (m)	单位重 (kg/m)	共重 (kg)	总重 (kg)	合计 (kg)
1	Φ16	2 500	80	2 000	1.578	3 156	10 257	Φ25 11 211
2	Φ16	2 500	130	3 250	1.578	5 128.5		
3	Φ16	2 500	50	1 250	1.578	1 972.5		Φ16 13 863.6
4	φ10	2 500	10	250	0.617	154.3	2 598.4	
5	φ10	2 480.9	160	3 961.28	0.617	2 444.1		Φ12 6 230.9
6	Φ12	356.6	675	2 407.1	0.888	2 137.5	5 603.9	
6′	Φ12	120	280	336	0.888	298.4		φ10 2 598.4
7	Φ12	792.8	225	1 783.8	0.888	1 584		
8	Φ12	792.8	225	1 783.8	0.888	1 584		φ8 995.5
9	Φ25	1 293.2	225	2 909.7	3.853	11 211	6 295.7	
10	Φ16	240	450	1 080	1.578	1 704.2		
11	φ8	170.8	900	1 530	0.395	604.4	995.5	
12	φ8	110.8	900	990	0.395	391.1		
13	Φ16	267.9	450	1 205.6	1.578	1 902.4	1 902.4	
14	Φ12	45	1 125	506.3	0.888	449.6	449.6	
14a	Φ12	37	540	199.8	0.888	177.4	177.4	

图 1-0-16　25m 跨径的中跨钢筋构造图 B—B 截面

学习情境 2

成品及半成品试验

情境导入

桥用原材料是桥梁工程结构物的物质基础。桥用原材料裸露于大自然中，承受瞬时、反复动荷载的作用，材料品质的好坏，配制是否合理及选用是否适当等，对结构物的使用性能产生很大影响。

学习目标

【知识目标】 掌握钢筋及混凝土组成材料的技术性质及指标，根据不同情况及强度等级确定混凝土配合比的方法。

【能力目标】 通过试验检验钢筋及混凝土组成材料是否合格，根据不同情况及强度等级进行混凝土配合比试验。

任务 2.1　原材料试验

2.1.1　桥用钢材的种类和基本要求

钢材是重要的建筑材料。桥用钢材主要指用于钢筋混凝土结构及预应力钢筋混凝土中的各种钢筋、钢丝、钢绞线等。由于钢材在工厂生产中有较严格的工艺控制，因此，质量通常能够得到保证。

1. 桥用钢材的种类

钢筋混凝土结构用的钢筋和钢丝，主要由碳素结构钢和低合金结构钢轧制而成。主要品种有热轧钢筋、冷加工钢筋、热处理钢筋、预应力混凝土用钢丝和钢绞线。按直条或盘条（也称盘圆）供货。

1）热轧钢筋

用加热钢坯轧成的条形成品钢筋，称为热轧钢筋。它是建筑工程中用量最大的钢材品种之一，主要用于钢筋混凝土和预应力混凝土结构的配筋。

热轧钢筋按其轧制外形分为热轧光圆钢筋、热轧带肋钢筋。带肋钢筋通常为圆形横截面，且表面通常带有两条纵肋和沿长度方向均匀分布的横肋。按肋纹的形状分为月牙肋和等高肋。月牙肋的纵横肋不相交，而等高肋则纵横肋相交。月牙肋钢筋有生产简便、强度高、应力集中、敏感性小、疲劳性能好等优点，但其与混凝土的黏结锚固性能稍逊于等高肋钢筋。根据《钢筋混凝土用热轧光圆钢筋》（GB 13013—91）和《钢筋混凝土用热轧带肋钢筋》（GB 1499—1998），热轧钢筋的力学性能及工艺性能应符合表 2-1-1 的规定。H、R、B 分别为热轧、带肋、钢筋三个词的英文首位字母。

热轧钢筋的力学性能及工艺性能　　表 2-1-1

强度等级代号	外形	钢种	公称直径 a（mm）	屈服强度（MPa）	抗拉强度（MPa）	伸长率 δ_5（%）	冷弯试验	
							角度	弯心直径
HRB235	光圆	低碳钢	8 ~ 20	235	370	25	180°	$d=a$
HRB335	月牙肋	低碳低合金钢	6 ~ 25	335	490	16	180°	$d=3a$
			28 ~ 50					$d=4a$
HRB400			6 ~ 25	400	570	14	180°	$d=4a$
			28 ~ 50					$d=5a$
HRB500	等高肋	中碳低合金钢	6 ~ 25	500	630	12	180°	$d=6a$
			28 ~ 50					$d=7a$

热轧钢筋中的低碳钢热轧圆盘条，直径 8 ~ 20mm，也广泛地应用在土木建筑及金属制品中。根据《低碳钢热轧圆盘条》（GB 701—1997）规定，盘条分为建筑用盘条和拉丝用盘条两类，所用钢材的牌号有 Q195、Q215 和 Q235，其力学及工艺性能应符合表 2-1-2 的规定。

低碳钢热轧圆盘条力学性能与工艺性能　　表 2-1-2

用途	牌号	力学性能			冷弯试验 180° d:弯心直径 a:试样直径
		屈服点(MPa)	抗拉强度(MPa)	伸长率(%)	
建筑用	Q215	≥215	≥375	≥27	$d=0$
	Q235	≥235	≥410	≥23	$d=0.5a$
拉丝用	Q195		≤390	≥30	$d=0$
	Q215		≤420	≥28	$d=0$
	Q253		≤490	≥23	$d=0.5a$

2)预应力混凝土用热处理钢筋

预应力混凝土用热处理钢筋,是用热轧带肋钢筋经淬火和回火调质处理后的钢筋。通常有直径为6mm、8.2mm、10mm 三种规格,其条件屈服强度为不小于1 325MPa,抗拉强度不小于1 470MPa,伸长率(δ_{10})不小于6%,1 000h 应力松弛率不大于3.5%。按外形分为有纵肋和无纵肋两种,但都有横肋。钢筋热处理后卷成盘,使用时开盘钢筋自行伸直,按要求的长度切断。不能用电焊切断,也不能焊接,以免引起强度下降或脆断。热处理钢筋在预应力结构中使用,具有与混凝土黏结性能好、应力松弛率低、施工方便等优点。

3)冷轧带肋钢筋

热轧圆盘条经冷轧后,在其表面带有沿长度方向均匀分布的三面或两面横肋,即成为冷轧带肋钢筋。钢筋冷轧后允许进行低温回火处理。根据相关规范规定,冷轧带肋钢筋按抗拉强度分为五个牌号,分别为 CRB550、CRB650、CRB800、CRB970、CRB1170。C、R、B 分别为冷轧、带肋、钢筋三个词的英文首位字母,数值为抗拉强度的最小值。冷轧带肋钢筋的力学性能及工艺性能见表 2-1-3。与冷拔低碳钢丝相比较,冷轧带肋钢筋具有强度高、塑性好,与混凝土黏结牢固,节约钢材,质量稳定等优点。CRB550 宜用做普通钢筋混凝土结构;其他牌号宜用在预应力混凝土结构中。

冷轧带肋钢筋力学性能和工艺性能　　表 2-1-3

牌号	σ_b(MPa) 不小于	伸长率(%)不小于		弯曲试验(180°)	反复弯曲系数	松弛率(初始应力,$\sigma_b=0.7\sigma_{con}$)	
		δ_{10}	δ_{100}			(1 000h,%)不大于	(10h,%)不大于
CRB550	550	8.0	—	$d=3a$	—	—	—
CRB550	650	—	4.0	—	3	8	5
CRB550	800	—	4.0	—	3	8	5
CRB550	970	—	4.0	—	3	8	5
CRB550	1 170	—	4.0	—	3	8	5

冷拔低碳钢丝是由直径为6~8mm 的 Q195、Q215 或 Q235 热轧圆盘条经冷拔而成。低碳钢经冷拔后,屈服强度可提高40%~60%,同时塑性大为降低。所以,冷拔低碳钢丝变得硬脆,属硬钢类钢丝。它的性能要求和应用可参阅有关标准或规范。目前,已逐渐限制该类钢丝的一些应用。

4)预应力混凝土用钢丝和钢绞线

预应力混凝土用钢丝是用优质碳素结构钢制成,根据《预应力混凝土用钢丝》(GB/T 5223—1995)相关规定,钢丝分为消除应力光圆钢丝(代号 S)、消除应力刻痕钢丝(代号 SI)、消除应力螺旋肋钢丝(代号 SH)和冷拉钢丝(代号 RCD)四种。抗拉强度高达1 470~1 770MPa。

预应力混凝土用钢丝按应力松弛分为Ⅰ级松弛、Ⅱ级松弛。钢丝的力学性能应符合表 2-1-4 的规定。刻痕钢丝和螺旋肋钢丝与混凝土的黏结力好;消除应力钢丝的塑性比冷拉钢丝好。

预应力混凝土用钢丝力学性能 表 2-1-4

<table>
<tr><th rowspan="3">钢丝名称</th><th rowspan="3">公称直径(mm)</th><th rowspan="2">抗拉强度 σ_b(MPa)</th><th rowspan="2">屈服强度 $\sigma_{0.2}$(MPa)</th><th rowspan="2">伸长率($L_0=100$mm)(%)</th><th colspan="2">弯曲次数</th><th colspan="3">松弛</th></tr>
<tr><th>次数(180°)</th><th rowspan="2">弯曲半径(mm)</th><th rowspan="2">初始应力($\times\sigma_b$)</th><th colspan="2">1 000h 应力损失(%)不大于</th></tr>
<tr><th colspan="3">不小于</th><th>不小于</th><th>Ⅰ级松弛</th><th>Ⅱ级松弛</th></tr>
<tr><td rowspan="5">消除应力钢丝</td><td>4.00</td><td>1 470
1 570</td><td>1 250
1 330</td><td rowspan="7">4</td><td>3</td><td>10</td><td rowspan="2">0.60</td><td rowspan="2">4.5</td><td rowspan="2">1.0</td></tr>
<tr><td>5.00</td><td>1 670
1 770</td><td>1 410
1 500</td><td rowspan="4">4</td><td rowspan="2">15</td></tr>
<tr><td>6.00</td><td>1 570
1 670</td><td>1 330
1 420</td><td>0.70</td><td>8</td><td>2.5</td></tr>
<tr><td rowspan="2">7.00
8.00
9.00</td><td rowspan="2">1 470
1 570</td><td rowspan="2">1 250
1 330</td><td>20</td><td rowspan="2">0.80</td><td rowspan="2">12</td><td rowspan="2">4.5</td></tr>
<tr><td>25</td></tr>
<tr><td rowspan="2">刻痕钢丝</td><td>≤5.00</td><td>1 470
1 570</td><td>1 250
1 340</td><td rowspan="2">3</td><td>15</td><td rowspan="2">0.70</td><td rowspan="2">8</td><td rowspan="2">2.5</td></tr>
<tr><td>>5.00</td><td>1 470
1 570</td><td>1 250
1 340</td><td>20</td></tr>
<tr><td rowspan="3">冷拉钢丝</td><td>3.00</td><td>1 470
1 570</td><td>1 100
1 180</td><td>2</td><td rowspan="2">4</td><td>7.5</td><td rowspan="3">—</td><td rowspan="3">—</td><td rowspan="3">—</td></tr>
<tr><td>4.00</td><td>1 670</td><td>1 250</td><td rowspan="2">3</td><td>10</td></tr>
<tr><td>5.00</td><td>1 470
1 570
1 670</td><td>1 100
1 180
1 250</td><td>5</td><td>15</td></tr>
</table>

预应力混凝土用钢绞线,是以数根优质碳素结构钢钢丝经绞捻和消除内应力的热处理后制成。根据《预应力混凝土用钢绞线》(GB/T 5224—1995),钢绞线按所用钢丝的根数分为三种结构类型:1×2、1×3 和 1×7。1×7 结构钢绞线以一根钢丝为中心,其余 6 根围绕在周围捻制而成。钢绞线按其应力松弛性能分为Ⅰ级松弛、Ⅱ级松弛。钢绞线的力学性能应符合表 2-1-5的规定。

预应力钢丝和钢绞线强度高,并具有较好的柔韧性,质量稳定,施工简便,使用时可根据要求的长度切断。它适用于大荷载、大跨度、曲线配筋的预应力钢筋混凝土结构。

2. 桥用钢材的基本要求

1)荷载性质

对经常承受动力或振动荷载的结构,易产生应力集中,引起疲劳破坏,需选用材质高的钢材。

2)使用温度

经常处于低温状态的结构,钢材易发生冷脆断裂,特别是焊接结构,冷脆倾向更加显著,应该要求钢材具有良好的塑性和低温冲击韧性。

钢绞线尺寸及拉伸性能 表 2-1-5

<table>
<tr><th rowspan="4" colspan="2">钢绞线结构</th><th rowspan="4">钢绞线
公称直径
(mm)</th><th rowspan="4">强度级别
(MPa)</th><th rowspan="3">整根钢绞线
的最大负荷
(kN)</th><th rowspan="3">屈服负荷
(kN)</th><th rowspan="3">伸长率
(%)</th><th colspan="4">1 000h 松弛率(%) 不大于</th></tr>
<tr><th colspan="2">Ⅰ级松弛</th><th colspan="2">Ⅱ级松弛</th></tr>
<tr><th colspan="4">初 始 负 荷</th></tr>
<tr><th colspan="3">不小于</th><th>70%公称
最大负荷</th><th>80%公称
最大负荷</th><th>70%公称
最大负荷</th><th>80%公称
最大负荷</th></tr>
<tr><td rowspan="2" colspan="2">1×2</td><td>10.00</td><td rowspan="4">1 720</td><td>67.9</td><td>57.7</td><td rowspan="11">3.5</td><td rowspan="11">8.0</td><td rowspan="11">12</td><td rowspan="11">2.5</td><td rowspan="11">4.5</td></tr>
<tr><td>12.00</td><td>97.9</td><td>83.2</td></tr>
<tr><td rowspan="2" colspan="2">1×3</td><td>10.80</td><td>102</td><td>86.7</td></tr>
<tr><td>12.90</td><td>147</td><td>125</td></tr>
<tr><td rowspan="7">1×7</td><td rowspan="5">标准型</td><td>9.50</td><td rowspan="3">1 860</td><td>102</td><td>86.6</td></tr>
<tr><td>11.10</td><td>138</td><td>117</td></tr>
<tr><td>12.70</td><td>184</td><td>156</td></tr>
<tr><td rowspan="2">15.20</td><td>1 720</td><td>239</td><td>203</td></tr>
<tr><td>1 860</td><td>259</td><td>220</td></tr>
<tr><td rowspan="2">模拔型</td><td>12.70</td><td>1 860</td><td>209</td><td>178</td></tr>
<tr><td>15.20</td><td>1 820</td><td>300</td><td>255</td></tr>
</table>

注:①Ⅰ级松弛即普通松弛级,Ⅱ级松弛即低松弛级,它们分别适用所有钢绞线。

②屈服负荷不小于整根钢绞线公称最大负荷的85%。

3)连接方式

焊接结构当温度变化和受力性质改变时,易导致焊缝附近的母体金属出现冷、热裂等现象,促使结构产生早期破坏。所以焊接结构对钢材化学成分和机械性能要求应较严。

4)钢材厚度

钢材力学性能一般随厚度增大而降低,钢材经多次轧制后,钢的内部结晶组织更为紧密,强度更高,质量更好。故一般结构用的钢材厚度不宜超过40mm。

5)结构重要性

选择钢材要考虑结构使用的重要性,如大跨度结构、重要的建筑物结构,需相应选用质量更好的钢材。

3. 桥用钢材的质量检验和质量标准

1)加工钢筋的质量标准

(1)加工钢筋的偏差不得超过表2-1-6的规定。

加工钢筋的允许偏差 表 2-1-6

项　目	允许偏差(mm)
受力钢筋顺长度方向加工后的全长	±10
弯起钢筋各部尺寸	±20
箍筋、螺旋筋各部分尺寸	±5

2)焊接钢筋的验收和允许偏差

(1)焊接钢筋的质量验收内容和标准应按《公路桥涵施工技术规范》(JTJ 041—2000)附录E-2的规定执行。

(2)焊接钢筋网和焊接骨架的偏差不得超过表2-1-7的规定。

焊接钢筋网及焊接骨架的允许偏差　　表2-1-7

项　　目	允许偏差(mm)	项　　目	允许偏差(mm)
网的长、宽	±10	骨架的宽及高	±5
网眼的尺寸	±10	骨架的长	±10
网眼的对角线差	10	箍筋间距	0，-20

3)机械接头的施工现场检验与验收

(1)应用钢筋机械连接时,应提交有效的形式检验报告,形式检验应符合现行《钢筋机械连接通用技术规程》(JGJ 107)的规定。

(2)钢筋连接开始前及施工过程中,应对每批进场钢筋进行接头工艺检验,工艺检验应符合下列要求:

①每种规格钢筋的接头试件不应少于3根;

②对接头试件的钢筋母材应进行抗拉强度试验;

③3根接头试件的抗拉强度均应满足《公路桥涵施工技术规范》(JTJ 041—2000)附录E-3中附表E-3-1的强度要求。试件抗拉强度尚应大于等于0.95倍钢筋母材的实际抗拉强度。计算实际抗拉强度时,应采用钢筋的实际横截面面积。

(3)现场检验应符合现行《钢筋机械连接通用技术规程》(JGJ 107)、《钢筋锥螺纹接头技术规程》(JCJ 109)、《带肋钢筋套筒挤压连接技术规程》(JCJ 108)的规定。

4)安装钢筋的允许偏差

钢筋的级别、直径、根数和间距均应符合设计要求。绑扎或焊接的钢筋网和钢筋骨架不得有变形、松脱和开焊,钢筋位置的偏差不得超过表2-1-8的规定。

钢筋位置允许偏差　　表2-1-8

检查项目			允许偏差(mm)
受力钢筋间距	两排以上排距		±5
	同排	梁、板、拱肋	±10
		基础、锚碇、墩台、柱	±20
	灌注桩		±20
箍筋、横向水平钢筋、螺旋筋间距			0，-20
钢筋骨架尺寸		长	±10
		宽、高或直径	±5
弯起钢筋位置			±20
保护层厚度		柱、梁、拱肋	±5
		基础、锚碇、墩台	±10
		板	±3

2.1.2　配制混凝土各组成材料的基本要求

1. 水泥

(1)选用水泥时,应注意其特性对混凝土结构强度、耐久性和使用条件是否有不利影响。

(2)选用水泥时,应以能使所配制的混凝土强度达到要求、收缩小、和易性好和节约水泥为原则。常用水泥的强度等级及软练胶砂抗压强度见《公路桥涵施工技术规范》(JTJ 041—2000)附录 F-1。

(3)水泥应符合现行国家标准,并附有制造厂的水泥品质试验报告等合格证明文件。水泥进场后,应按其品种、强度、证明文件以及出厂时间等情况分批进行检查验收,对所用水泥应进行复查试验。为快速鉴定水泥的现有强度,也可用促凝压蒸法进行复验。

(4)袋装水泥在运输和储存时,应防止受潮,堆垛高度不宜超过 10 袋。不同强度等级、品种和出厂日期的水泥应分别堆放。

(5)散装水泥的储存,应尽可能采用水泥罐或散装水泥仓库。

(6)水泥如受潮或存放时间超过 3 个月,应重新取样检验,并按其复验结果使用。

2. 细集料

(1)桥涵混凝土用细集料,应采用级配良好、质地坚硬、颗粒洁净、粒径小于 5mm 的河砂,河砂不易得到时,也可用山砂或用硬质岩石加工的机制砂。细集料不宜采用海砂,不得不采用海砂时,对于钢筋混凝土其氯离子的含量应符合规定。细集料的试验可按现行《公路工程集料试验规程》(JTG E42—2005)执行。

(2)砂的筛分应符合下列规定。

①砂的分类见表 2-1-9。

砂 的 分 类 表 2-1-9

砂 组	粗 砂	中 砂	细 砂
细度模数	3.7~3.1	3.0~2.3	2.2~1.6

注:细度模数主要反映全部颗粒的粗细程度,不完全反映颗粒的级配情况,混凝土配制时应同时考虑砂的细度模数和级配情况。

②砂的级配应符合表 2-1-10 中任何一个级配区所规定的级配范围。

砂的分区及级配范围 表 2-1-10

标准筛筛孔尺寸(mm)	级配区			标准筛筛孔尺寸(mm)	级配区		
	Ⅰ区	Ⅱ区	Ⅲ区		Ⅰ区	Ⅱ区	Ⅲ区
	累计筛余(%)				累计筛余(%)		
9.50	0	0	0	0.60	85~74	70~41	40~16
4.75	10~0	10~0	10~0	0.30	95~80	92~70	85~55
2.36	35~5	25~0	15~0	0.15	100~90	100~90	100~90
1.18	65~35	50~10	25~0				

注:①表中除 4.75mm、0.60mm、0.15mm 筛孔外,其余各筛孔累计筛余允许超出分界线,但其总量不得大于 5%。

②Ⅰ区砂宜提高砂率以配置低流动性混凝土;Ⅱ区砂宜优先选用以配置不同等级的混凝土;Ⅲ区砂宜适当降低砂率以保证混凝土的强度。

③对于高强泵送混凝土用砂宜选用中砂,细度模数为 2.9~2.6。2.36mm 筛孔的累计筛余量不得大于 15%,0.30mm筛孔的累计筛余量宜在 85%~92% 范围内。

(3)当对河砂、海砂或机制砂的坚固性有怀疑时,应用硫酸钠进行坚固性试验,试验时循环 5 次,砂的总质量损失应符合表 2-1-11 的规定。

(4)砂中杂质的含量应通过试验测定,其最大含量不宜超过表 2-1-12 的规定。

砂的坚固性指标 表 2-1-11

混凝土所处的环境条件	循环后的质量损失
在寒冷地区室外使用，并经常处于潮湿或干燥交替状态下的混凝土	≤8
在其他条件下使用的混凝土	≤12

注：①寒冷地区系指最寒冷月份的月平均温度为 0 ~ −10℃且日平均温度≤5℃的天数不超过 145d 的地区。

②对同一产源的砂，在类似的气候条件下使用已有可靠经验时，可不做坚固性检验。

③对于有抗疲劳、耐磨、抗冲击要求的混凝土用砂，或有腐蚀介质作用或经常处于水位变化区的地下结构混凝土用砂，其循环后的质量损失率应小于 8%。

砂中杂质的最大含量 表 2-1-12

项　　目	≥C30 的混凝土	<C30 的混凝土
含泥量(%)	≤3	≤5
其中泥块含量(%)	≤1.0	≤2.0
云母含量(%)	<2	
轻物质含量(%)	<1	
硫化物及硫酸盐折算为 SO_3(%)	<1	
有机质含量(用比色法试验)	颜色不应深于标准色，如深于标准色，应以水泥砂浆进行抗压强度对比试验，加以复核	

注：①对有抗冻、抗渗或其他特殊要求的混凝土用砂，总含泥量应不大于 3%，其中泥块含量应不大于 1.0%，云母含量不应超过 1%。

②对有机质含量进行复核时，用原状砂配制的水泥砂浆抗压强度不低于用洗除有机质的砂所配制的砂浆的 95% 时为合格。

③砂中如含有颗粒状的硫酸盐或硫化物，则要进行混凝土耐久性试验，满足要求时方能使用。

④杂质含量均按质量计。

3. 粗集料

(1)桥涵混凝土的粗集料，应采用坚硬的卵石或碎石，应按产地、类别、加工方法和规格等不同情况，分批进行检验。机械集中生产时，每批不宜超过 $400m^3$；人工分散生产时，每批不宜超过 $200m^3$。粗集料的试验可按现行《公路工程集料试验规程》(JTG F42—2005)执行。

(2)粗集料的颗粒级配，可采用连续级配或连续级配与单粒级配合使用。在特殊情况下，通过试验证明混凝土无离析现象时，也可采用单粒级。粗集料的级配范围应符合表 2-1-13 的要求。

碎石或卵石的颗粒级配规格 表 2-1-13

级配情况	公称粒级(mm)	累计筛余(按质量百分率计)										
		方孔筛筛孔尺寸(mm)										
		2.36	4.75	9.5 13.2	16	19	26.5	31.5	37.5	53	63	75
连续级配	5 ~ 10	95 ~ 100	80 ~ 100	0 ~ 15	0	—	—	—	—		—	—
	5 ~ 16	95 ~ 100	90 ~ 100	30 ~ 60	0 ~ 10	0	—	—	—		—	—
	5 ~ 20	95 ~ 100	90 ~ 100	40 ~ 70	—	0 ~ 10	0	—	—		—	—
	5 ~ 25	95 ~ 100	90 ~ 100	—	30 ~ 70	—	0 ~ 5	0	—		—	—
	5 ~ 31.5	95 ~ 100	90 ~ 100	70 ~ 90	—	15 ~ 40	—	0 ~ 5	0		—	—
	5 ~ 40	—	95 ~ 100	75 ~ 90	—	30 ~ 60	—	—	0 ~ 5		—	—

续上表

级配情况	公称粒级(mm)	累计筛余(按质量百分率计) 方孔筛筛孔尺寸(mm)										
		2.36	4.75	9.5 13.2	16	19	26.5	31.5	37.5	53	63	75
单粒级	10~20	—	95~100	85~100	—	0~15	0	—	—		—	—
	16~31.5	—	95~100	—	85~100	—	—	0~10	0		—	—
	20~40	—	—	95~100		80~100	—	—	0~10		—	—
	31.5~63	—	—	—	95~100	—	—	75~100	45~75		0~10	0
	40~80	—	—	—	—	95~100	—	—	70~100		30~60	0~10

(3)粗集料最大粒径应按混凝土结构情况及施工方法选取,但最大粒径不得超过结构最小边尺寸的1/4和钢筋最小净距的3/4;在两层或多层密布钢筋结构中,不得超过钢筋最小净距的1/2,同时最大粒径不得超过100mm。用混凝土泵运送混凝土时的粗集料最大粒径,除应符合上述规定外,对碎石不宜超过输送管径的1/3;对于卵石不宜超过输送管径的1/2.5,同时应符合混凝土泵制造厂的规定。

(4)粗集料的技术要求及有害物质含量的规定见表2-1-14及表2-1-15。

粗集料的技术要求 表2-1-14

项　目	混凝土强度等级			
	C55~C40	≤C35	≥C30	<C30
石料压碎指标值(%)	≤12	≤16	—	—
针片状颗粒含量(%)	—	—	≤15	≤25
含泥量(按质量计,%)	—	—	≤1.0	≤2.0
泥块含量(按质量计,%)	—	—	≤0.5	≤0.7
小于2.5cm的颗粒含量(按质量计,%)	≤5	≤5	≤5	≤5

注:①混凝土强度等级为C60及以上时应进行岩石抗压强度检验,其他情况下,如有必要时也可进行岩石的抗压强度检验。岩石的抗压强度与混凝土强度等级之比对于大于或等于C30的混凝土,不应小于2,其他不应小于1.5,且火成岩强度不宜低于80MPa,变质岩不宜低于60MPa,水成岩不宜低于30MPa。岩石的抗压强度试验可按现行《公路工程岩石试验规程》(JTG E41—2005)执行。

②混凝土强度在C10及以下时,针片状颗粒最大含量可为40%。

碎石或卵石中的有害物质含量 表2-1-15

项　目	品质指标
硫化物及硫酸盐折算为SO_3(按质量计,不大于,%)	1
卵石中有机质含量(用比色法试验)	颜色不应深于标准色,如深于标准色,则应配制混凝土进行强度试验,抗压强度应不低于95%

注:如含有颗粒硫酸盐或硫化物,则要进行混凝土耐久性试验,确认能满足要求时方能用。

(5)混凝土结构物处于表2-1-16所列条件下时,应对碎石或卵石进行坚固性试验,试验结果应符合表内的规定。

碎石或卵石的坚固性试验　　表 2-1-16

混凝土所处环境条件	在溶液中循环次数	试验后质量损失不宜大于(%)
寒冷地区,经常处于干湿交替状态	5	5
严寒地区,经常处于干湿交替状态	5	3
混凝土处于干燥条件,但粗集料风化或软弱颗粒过多时	5	12
混凝土处于干燥条件,但有抗疲劳、耐磨、抗冲击要求高或强度大于 C40	5	5

注:有抗冻、抗渗要求的混凝土用硫酸钠法进行坚固性试验不合格时,可再进行直接冻融试验。

(6)施工前应对所用的碎石或卵石进行碱活性检验,在条件许可时尽量避免采用有碱活性反应的集料,或采取必要的措施。具体试验方法可参照现行《公路工程集料试验规程》(JTG E42—2005)进行。

(7)集料在生产、采集、运输与储存过程中,严禁混入影响混凝土性能的有害物质。集料应按品种规格分别堆放,不得混杂。在装卸及存储时,应采取措施,使集料颗粒级配均匀,并保持洁净。

4. 拌和用水

拌制混凝土用的水,应符合下列要求:

(1)水中不应含有影响水泥正常凝结与硬化的有害杂质或油脂、糖类及游离酸类等。

(2)污水、pH 值小于 5 的酸性水及含硫酸盐量按 SO_4^{-2} 计超过水的质量 0.27mg/cm^3 者不得使用。

(3)不得用海水拌制混凝土。

(4)供饮用的水,一般能满足上述条件,使用时可不经试验。

5. 外加剂

(1)应根据外加剂的特点,结合使用目的,通过技术、经济比较来确定外加剂的使用品种。如果使用一种以上的外加剂,必须经过配比设计,并按要求加入到混凝土拌和物中。在外加剂的品种确定后,掺量应根据使用要求、施工条件、混凝土原材料的变化进行调整。

(2)所采用的外加剂,必须是经过有关部门检验并附有检验合格证明的产品,其质量应符合现行《混凝土外加剂》(GB 8076)的规定,使用前应复验其效果,使用时应符合产品说明及本规范关于混凝土配合比、拌制、浇筑等各项规定以及外加剂标准中的有关规定。有关混凝土外加剂现场复试检测项目及标准见《公路桥涵施工技术规范》(JTJ 041—2000)附录 F-2。不同品种的外加剂应分别存储,做好标记,在运输与存储时不得混入杂物和遭受污染。

6. 混合材料

(1)混合材料包括粉煤灰、火山灰质材料、粒化高炉矿渣等,应由生产单位专门加工,进行产品检验并出具产品合格证书。其技术条件应分别符合现行《用于水泥和混凝土中的粉煤灰》(GB 1596)、《用于水泥中的火山灰质混合料》(GB/T 2847)、《用于水泥中的粒化高炉矿渣》(GB/T 203)等标准的规定。使用单位对产品质量有怀疑时,应对其质量进行复查,混合材料技术条件见《公路桥涵施工技术规范》(JTJ 041—2000)附录 F-3。

(2)混合材料在运输与存储中,应有明显标志,严禁与水泥等其他粉状材料混淆。

任务2.2　混凝土配合比设计

2.2.1　混凝土配合比设计的概念

混凝土配合比设计,是指确定混凝土中各组成材料数量之间的比例关系。确定比例关系的工作为配合比设计。普通混凝土的配合比,应根据原材料性能及对混凝土的技术要求进行计算,并经试验室试配、调整后确定。

混凝土配合比设计包括两方面的内容:

①选料——即按照桥梁设计和施工的要求,选择适合制备所需混凝土的材料。

②配料——即按照桥梁设计中指定的混凝土性能(包括工作性能、强度、耐久性等)和经济的原则,选择混凝土各组分的最佳配合和用料量。

关于选料的方法,原材料试验一讲中已详述了混凝土中各种材料的技术质量与要求,在混凝土配合比设计时,应根据其性能来合理选用。本学习任务将详细阐述配料的方法。

混凝土配合比常用的表示方法有两种:一种是以 $1m^3$ 混凝土中各项材料的质量表示,如水泥(m_c)300kg、水(m_w)180kg、砂(m_s)720kg、石子(m_g)1 200kg;另一种表示方法是以各项材料相互间的质量比来表示(以水泥质量为1),如:水泥∶细集料∶粗集料 =1∶2.14∶3.82;水灰比 $W/C=0.54:1$。

1. 混凝土配合比设计的基本要求

配合比设计的任务,就是根据原材料的技术性能及施工条件,确定出能满足工程所要求的技术经济指标的各项组成材料的用量。其基本要求是:

(1)达到混凝土结构设计的强度等级。

(2)满足混凝土施工所要求的和易性。

(3)满足工程所处环境和使用条件对混凝土耐久性的要求。

(4)符合经济原则,节约水泥,降低成本。

2. 混凝土配合比设计的资料准备

在设计混凝土配合比之前,必须通过调查研究,预先掌握下列基本资料:

(1)了解工程设计要求的混凝土强度等级、质量稳定性的强度标准差,以便确定混凝土配制强度。

(2)了解工程所处环境对混凝土耐久性的要求,以便确定所配制混凝土的最大水灰比和最小水泥用量。

(3)了解结构构件断面尺寸及钢筋配置情况,以便确定混凝土集料的最大粒径。

(4)了解混凝土施工方法及管理水平,以便选择混凝土拌和物坍落度及集料最大粒径。

(5)掌握原材料的性能指标,包括:水泥的品种、强度等级、密度;砂石集料的种类、表观密度、级配、最大粒径;拌和用水的水质情况;外加剂的品种、性能、适宜掺量等。

3. 混凝土配合比设计中的三个参数

混凝土配合比设计,实质上就是确定水泥、水、砂与石子这四种基本组成材料用量之间的三个比例关系。即:水与水泥之间的比例关系,常用水灰比表示;砂与石子之间的比例关系,常用砂率表示;水泥浆与集料之间的比例关系,常用单位用水量来反映。水灰比、砂率、单位用水量是混凝土配合比的三个重要参数，在配合比设计中正确地确定这三个参数，就能使混凝土满足配合比设计的四项基本要求。

确定这三个参数的基本原则是：在满足混凝土强度和耐久性的基础上，确定混凝土的水灰比；在满足混凝土施工要求的和易性的基础上，根据粗集料的种类和规格，确定混凝土的单位用水量；砂的数量，应以填充石子空隙后略有富余的原则，来确定砂率。

2.2.2 混凝土配合比设计步骤

混凝土配合比设计步骤，首先按照已选择的原材料性能及对混凝土的技术要求进行初步计算，得出“初步计算配合比”，再经过试验室试拌调整，得出“基准配合比”。然后，经过强度检验（如有抗渗、抗冻等其他性能要求，应当进行相应的检验），定出满足设计和施工要求并比较经济的“设计配合比（试验室配合比）”。最后根据现场砂、石的实际含水率，对试验室配合比进行调整，求出“施工配合比”。

1. 初步配合比的确定

根据原始资料，按我国现行的配合比设计方法，计算“初步配合比”，即水泥：水：细集料：粗集料 $=m_{co}:m_{wo}:m_{so}:m_{go}$。

1）配制强度（$f_{cu,0}$）的确定

为了使混凝土的强度保证率达到95%的要求，在配合比设计时，必须使混凝土的配制强度（$f_{cu,o}$）高于设计要求的强度标准值（$f_{cu,k}$）。配制强度按式（2-2-1）计算：

$$f_{cu,o}=f_{cu,k}+1.645\sigma \tag{2-2-1}$$

式中：$f_{cu,o}$——混凝土配制强度（MPa）；

$f_{cu,k}$——混凝土立方体抗压强度标准值（MPa）；

σ——由施工单位质量管理水平确定的混凝土强度标准差（MPa）。

σ的确定方法如下：

（1）当施工单位具有近期的同一品种混凝土强度资料时，其混凝土强度标准差按式（2-2-2）计算：

$$\sigma=\sqrt{\frac{\sum_{i=1}^{n} f_{cu,i}^{2}-n\mu_{cu}^{2}}{n-1}} \tag{2-2-2}$$

式中：$f_{cu,i}$——第i组混凝土试件立方体抗压强度值（MPa）；

μ_{cu}——n组混凝土试件立方体抗压强度的平均值（MPa）；

n——统计周期内相同等级的时间组数，$n\geqslant25$组。

当混凝土强度等级为C20或C25时，如计算值$\sigma<2.5$MPa，取$\sigma=2.5$MPa；当强度等级等于或大于C30时，如计算值$\sigma<3.0$MPa，取$\sigma=3.0$MPa。

（2）当施工单位无历史统计资料时，σ可按表2-2-1取用。

σ的取值 表2-2-1

混凝土强度等级	<C20	C20~C35	>C35
σ(MPa)	4.0	5.0	6.0

（3）遇有下列情况时应提高混凝土配制强度。

①现场条件与试验室条件有显著差异时；

②C30 及其以上强度等级的混凝土，采用非统计方法评定时。

2）初步确定水灰比 W/C

根据已知的混凝土配制强度（$f_{cu,o}$）及所用水泥的实际强度（f_{ce}）或水泥强度等级，按混凝土强度公式计算出所要求的水灰比值。

混凝土强度等级小于 C60 级时，混凝土水灰比宜按式（2-2-3）计算：

$$W/C=\frac{\alpha_a\cdot f_{ce}}{f_{cu,o}+\alpha_a\cdot\alpha_b\cdot f_{ce}} \tag{2-2-3}$$

式中：α_a、α_b——回归系数；

f_{ce}——水泥 28d 抗压强度实测值（MPa）。

当无水泥 28d 抗压强度实测值时，式（2-2-3）中的 f_{ce} 值可按式（2-2-4）确定：

$$f_{ce}=\gamma_c\cdot f_{ce,g} \tag{2-2-4}$$

式中：γ_c——水泥强度等级值的富余系数，可按实际统计资料确定；

$f_{ce,g}$——水泥强度等级值（MPa）。

$f_{ce,g}$ 值也可根据 3d 强度或快测强度推定 28d 强度关系式推定得出。

回归系数 α_a、α_b 应根据工程所使用的水泥和集料，通过试验由建立的水灰比与混凝土强度关系式确定。

为了保证混凝土的耐久性，水灰比还不得大于规定的最大水灰比值，如计算所得的水灰比大于规定的最大水灰比值时，应取规定的最大水灰比值。

3）选取 $1m^3$ 混凝土的用水量 m_{w0}

每立方米混凝土用水量的确定，应符合下列规定。

（1）干硬性和塑性混凝土用水量的确定：

①水灰比在 0.40～0.80 范围时，根据粗集料的品种、粒径及施工要求的混凝土拌和物稠度，其用水量可参考相关规范。

②水灰比小于 0.40 的混凝土以及采用特殊成型工艺的混凝土用水量，应通过试验确定。

（2）流动性和大流动性混凝土的用水量计算：

①以相关规范中坍落度 90mm 的用水量为基础，按坍落度每增大 20mm，用水量增加 5kg，计算出未掺外加剂时混凝土的用水量。

②掺外加剂时的混凝土用水量按式（2-2-5）计算：

$$m_{wa}=m_{w0}(1-\beta) \tag{2-2-5}$$

式中：m_{wa}——掺外加剂时，每 $1m^3$ 混凝土的用水量（kg/m^3）；

m_{w0}——未掺外加剂时，每 $1m^3$ 混凝土的用水量（kg/m^3）；

β——外加剂的减水率（%），应经试验确定。

4）计算 $1m^3$ 混凝土的水泥用量 m_{c0}

根据已初步确定的水灰比（W/C）和选用的单位用水量（m_{w0}），可计算出水泥用量（m_{c0}）：

$$m_{c0}=\frac{m_{w0}}{W/C} \tag{2-2-6}$$

为保证混凝土的耐久性，由式（2-2-6）计算得出的水泥用量还应满足相关规范规定的最小水泥用量的要求。如计算得出的水泥用量少于规定的最小水泥用量，则应取规定的最小水泥用量值。

5）选取合理的砂率值（β_s）

应当根据混凝土拌和物的和易性，通过试验求出合理砂率。如无历史资料，坍落度为10～60mm的混凝土砂率可根据集料种类、规格和水灰比，按相关规范选用。

6）计算粗、细集料的用量 m_{g0} 及 m_{s0}

粗、细集料的用量可用质量法或体积法求得。

（1）质量法。如果原材料情况比较稳定，所配制的混凝土拌和物的表观密度将接近一个固定值，如果可以先假设一个 1m^3 混凝土拌和物的质量值，可列出式（2-2-7）：

$$\begin{cases} m_{c0}+m_{g0}+m_{s0}+m_{w0}=m_{cp} \\ \beta_s=\dfrac{m_{s0}}{m_{s0}+m_{g0}}\times 100\% \end{cases} \tag{2-2-7}$$

式中：m_{c0}——1m^3 混凝土的水泥用量（kg/m^3）；

m_{g0}——1m^3 混凝土的粗集料用量（kg/m^3）；

m_{s0}——1m^3 混凝土的细集料用量（kg/m^3）；

β_s——砂率（%）；

m_{cp}——1m^3 混凝土拌和物的假定质量（kg/m^3）；其值可取2 350～2 450 kg/m^3。

解式（2-2-7），即可求出 m_{g0}、m_{s0}。

（2）体积法。假定混凝土拌和物的体积等于各组成材料绝对体积和混凝土拌和物中所含空气体积的总和，则在计算 1m^3 混凝土拌和物的各材料用量时，可列出式（2-2-8）：

$$\begin{cases} \dfrac{m_{c0}}{\rho_c}+\dfrac{m_{g0}}{\rho_g}+\dfrac{m_{s0}}{\rho_s}+\dfrac{m_{w0}}{\rho_w}+0.01\alpha=1 \\ \beta_s=\dfrac{m_{s0}}{m_{s0}+m_{g0}}\times 100\% \end{cases} \tag{2-2-8}$$

式中：ρ_c——水泥密度，可取2 900～3 100（kg/m^3）；

ρ_g——粗集料的表观密度（kg/m^3）；

ρ_s——细集料的表观密度（kg/m^3）；

ρ_w——水的密度，可取1 000 kg/m^3；

α——混凝土含气量的百分数，在不使用引气型外加剂时，可取1。

解式（2-2-8），即可求出 m_{g0}、m_{s0}。

通过以上六个步骤，便可将水、水泥、砂和石子的用量全部求出，得到初步计算配合比，供试配用。

以上混凝土配合比计算公式和表格，均以干燥状态集料（系指含水率小于0.5%的细集料和含水率小于0.2%的粗集料）为基准。当以饱和面干集料为基准进行计算时，则应作相应的修正。

2. 混凝土配合比的试配、调整与确定

1）配合比的试配与调整

在初步计算的配合比中，所求出的各材料用量，是借助于一些经验公式和数据计算出来的，或是利用经验资料查得的，因而不一定能够完全符合具体的工程实际情况，必须通过试拌调整，直到混凝土拌和物的和易性符合要求为止，然后提出供检验强度用的基准配合比。

按初步计算的配合比，称取实际工程中使用的材料进行试拌。混凝土的搅拌方法应与生产时使用的方法相同。当所用集料最大粒径 $D_{max}\leqslant 31.5\text{mm}$ 时，试配的最小拌和量为15L；当

D_{max}为40mm，试配的最小拌和量为25L。混凝土搅拌均匀后，检查拌和物的性能。当试拌出的拌和物坍落度或维勃稠度不能满足要求，或黏聚性和保水性不良时，应在保持水灰比不变的条件下，相应调整用水量和砂率，直到符合要求为止。然后，提出供检验强度用的基准配合比。

经过和易性调整后得到的基准配合比，其水灰比选择不一定恰当，即混凝土的强度有可能不符合要求，所以应检验混凝土的强度。进行混凝土强度检验时，应至少采用三个不同的配合比。其一为基准配合比，另外两个配合比的水灰比，宜较基准配合比分别增加或减少0.05，而其用水量与基准配合比相同，砂率可分别增加或减小1%。当不同水灰比的混凝土拌和物坍落度与要求值的差超过允许偏差时，可通过增减用水量进行调整。每种配合比制作一组（三块）试件，并经标准养护到28d时试压（在制作混凝土试件时，尚需检验混凝土拌和物的和易性及测定表观密度，并以此结果作为代表这一配合比的混凝土拌和物的性能值）。

2）设计配合比的确定

由试验得出的各水灰比及其对应的混凝土强度的关系，用作图法或计算法求出与混凝土配制强度（$f_{cu,0}$）相对应的灰水比，并按下列原则确定1m^{3}混凝土的材料用量。

用水量（m_w）：取基准配合比中的用水量，并根据制作强度试件时测得的坍落度或维勃稠度，进行适当的调整。

水泥用量（m_c）：以用水量乘以选定的灰水比计算确定。

粗、细集料用量（m_g，m_s）：取基准配合比中的粗、细集料用量，并按选定的灰水比进行适当的调整。

3）混凝土表观密度的校正

配合比经试配、调整和确定后，还需根据实测的混凝土表观密度（$\rho_{c,t}$）作必要的校正，其步骤是：

计算混凝土的表观密度计算值（$\rho_{c,c}$）。

$$\rho_{c,c} = m_w + m_c + m_g + m_s \tag{2-2-9}$$

计算混凝土配合比校正系数δ。

$$\delta = \frac{\rho_{c,t}}{\rho_{c,c}} \tag{2-2-10}$$

当混凝土表观密度实测值（$\rho_{c,t}$）与计算值（$\rho_{c,c}$）之差的绝对值不超过计算值的2%时，由以上定出的配合比即为确定的设计配合比；当二者之差超过计算值的2%时，应将配合比中的各项材料用量均乘以校正系数δ，即为确定的混凝土设计配合比。

3. 施工配合比的确定

设计配合比是以干燥材料为基准的，而工地存放的砂、石都含有一定的水分，且随着气候的变化而经常变化。所以，现场材料的实际称量应按工地砂、石的含水情况进行修正，修正后的配合比称施工配合比。

假定工地存放砂的含水率为a(%)，石子的含水率为b(%)，则将上述设计配合比换算为施工配合比，其材料称量为：

$$m'_c = m_c \quad (\text{kg}) \tag{2-2-11}$$

$$m'_s = m_s(1 + 0.01a) \quad (\text{kg}) \tag{2-2-12}$$

$$m'_g = m_g(1 + 0.01b) \quad (\text{kg}) \tag{2-2-13}$$

$$m'_w = m_w - 0.01am_s - 0.01bm_g \quad (\text{kg}) \tag{2-2-14}$$

学习情境 3

施工组织设计

情境导入

随着社会经济的发展和技术的进步,现代桥梁的施工已成为一项十分复杂的生产活动。对于一座大型桥梁建设项目的施工,不仅要组织数量众多的各种专业人员和各类施工机械设备有条不紊地投入到工程施工中,而且还包括:组织大量种类繁多的施工材料、构件和制品的生产,运输,储存和供应工作;组织施工机具的供应、维修和保养工作;组织施工现场的临时供水、供电、供热,以及安排施工现场的生产和生活所需要的各种临时建筑物的建造工作。

学习目标

【知识目标】 掌握上部结构现浇施工的工艺流程,熟悉施工组织设计方法。

【能力目标】 对照图纸和现场条件编制上部结构现浇施工的组织设计方案。

3.0.1 施工组织设计在桥梁工程中的重要性和作用

一、桥梁施工组织设计的概念

桥梁施工组织设计是用来指导桥梁工程施工全过程中技术、经济和组织等活动的综合性文件。随着社会经济的发展和技术的进步，现代桥梁施工已成为一项十分复杂的生产活动。对于一座大型桥梁建设项目的施工，不仅要组织数量众多的各种专业人员和各类施工机械设备有条不紊地投入到工程施工中，而且还包括：组织大量种类繁多的施工材料、构件和制品的生产、运输、储存和供应工作；组织施工机具的供应、维修和保养工作；组织施工现场的临时供水、供电、供热，以及安排施工现场的生产和生活所需要的各种临时建筑物的建造工作。施工组织设计的任务就是针对桥梁工程施工的复杂性，根据桥梁工程产品生产的技术经济特点，以及国家基本建设方针和各项具体的技术政策，实现工程建设计划和设计的要求，提供各阶段的施工准备工作内容；对人力、材料、机械、资金和施工方法等进行科学合理的安排；协调施工中各施工单位、各工种之间、资源与时间之间、各项资源之间的合理关系。在整个施工过程中，按照客观的技术、经济规律，作出科学合理的安排，并指导施工，以使工程施工取得相对最优的效果。

二、桥梁施工组织设计的重要性

建造一座桥梁特别是大型桥梁工程，投资额非常大。根据桥梁工程在规划、工程可行性研究、勘测设计和施工等阶段的投资分配情况可知，施工要占总投资的60%以上，远高于其他阶段投资的总和。因此，施工阶段是桥梁建设中极其重要的一个阶段，认真编制好施工组织设计，对于保证施工的顺利进行，实现预期的目标和效果，都具有重要的意义。与其他工业产品的生产一样，桥梁工程的施工也是按要求投入各项生产要素，并通过一定的生产过程，最终生产出成品。施工企业经营管理的目标是要实现少投入、多产出，以达到低成本、高效益的效果。为了实现这个目标，就要对施工中的计划、组织以及控制投入、产出的过程进行全面管理，而管理的基础和依据就是科学的施工组织设计。即按照合同文件所规定的工期和质量要求，遵循技术先进、经济合理、少耗资源的原则，拟订周密的施工准备工作计划，确定合理的施工程序和施工方法，科学地投入人才、技术、材料、机具和资金，来达到进度快、质量好和成本低的三大目标。因此，施工组织设计是实现企业经营目标，统筹安排施工企业生产的投入、产出过程的关键。经营管理素质和经营管理水平是企业经营管理的两大基础，是施工企业现代化管理中不可缺少的两个部分，也是实现企业经营管理目标的保证。一个施工企业经营管理素质和水平的好坏可在施工组织设计的编制、贯彻、检查和调整的全过程中得到充分的体现。施工组织设计的水平高，则反映出施工企业经营管理的素质和水平较高，反之亦然。所以，施工组织设计的水平如何，对能否实现企业经营管理目标起着重要的作用。

从桥梁工程的施工特点可知，不同的桥梁有不同的施工方法，即使是同一桥型，由于建造地点和施工单位不同，所采用的施工方法也不尽相同。所以对不同的桥梁工程，应编制不同的施工组织设计。这样就必须详细研究工程的特点、地区的环境和施工的条件，从施工的全局和技术经济的角度出发，遵循施工工艺的要求，合理地安排施工过程的空间布置和时间排列，科学地组织物资的供应和消耗，把施工中的各单位、各部门及各施工阶段之间的关系更好地协调起来。因此，需要在桥梁工程开工之前，进行统一部署，并通过施工组织设计科学地表达出来。

三、桥梁施工组织设计的作用

桥梁施工组织设计是根据业主对桥梁工程的各项要求、设计图纸和编制施工组织设计的基本原则，在充分研究工程合同文件、现场环境的客观情况和施工特点的基础上，从协调工程施工全过程中的人力、物力和空间等三个要素着手而制订的。施工组织设计规划和部署了桥梁工程全部的施工生产活动，是对施工全过程实行科学管理的重要手段。有了施工组织设计，就可以按事先设计好的程序组织生产活动，建立正常、有效的施工秩序；可以使项目领导和作业班组对施工活动做到心中有数，预计到施工过程中可能发生的各种情况，事先做好准备；主动调整施工中的薄弱环节，及时处理出现的问题，保证施工的顺利进行；可以为桥梁工程施工的节奏性、均衡性和连续性提供最优方案，从而使施工以最低的成本取得最大的技术经济效果。

3.0.2 施工组织设计的分类和内容

一、桥梁施工组织设计的分类

在一些教科书和有关论述施工组织管理的著作中，对施工组织设计有着各种各样的分类方法，有的按设计阶段的不同进行分类，也有的按工程项目实施阶段的不同进行划分，还有的是按编制对象范围不同分类，或按工程项目的规模和特点来进行分类。分类方法划分得很详细，对于研究施工组织的理论以及详细说明施工组织设计的类型是有好处的，但却不一定实用，因为从实用的观点来看，过细的划分反而会使人无所适从。根据当前桥梁工程的基本建设程序，在设计、招投标和施工等几个阶段都需要有施工组织设计，只不过编制的形式和深度不尽相同。

设计阶段所编制的施工组织设计，严格来说是不完整的，充其量只能是一个非常粗略的初步施工方案。其编制的目的之一是为了结构的设计计算，需要确定桥梁工程施工的方法和程序。这是因为现代桥梁的设计计算，基本上都与拟采用的施工方法密切相关，即使是同一类型的桥梁，采用不同的施工方法就有不同的设计计算方法，因此需要先确定施工方案和施工程序；另一个目的是编制设计概算，需要根据施工方案及相应的定额来确定人工工日、机械台班和材料的数量等。

在桥梁工程的招投标阶段，招标单位有时为了确定标底，需要编制一个初步的施工方案；而对于投标单位，则需要编制一个比较完整的施工组织设计。虽然这一阶段的施工组织设计是初步和粗略的，但非常重要，不仅是确定标价的主要依据，其主要内容还在评标时占有不可或缺的地位。组织机构健全、人员素质高、机械设备充足、施工方案合理可行、计划进度安排得当，都是中标的关键。

桥梁施工阶段的施工组织设计，是用来指导拟建工程施工全过程的技术、经济和组织活动的综合性文件，对于施工而言，是必不可少的重要内容。施工组织设计不仅要确定施工的方法、程序及施工顺序，建立健全的组织机构，拟订施工准备工作计划，还要对人工、材料和机械设备等资源进行合理的配置，对施工进度计划、施工平面布置、临时设施的建造、资金运用等进行筹划、部署和安排，制订技术、质量、安全和环保的组织保证措施等。由于施工完全是根据组织设计的安排而进行的，因此施工阶段的施工组织设计需编制得非常详细和具体。综上所述，施工阶段的施工组织设计要求最为完整，也最详细具体，不可缺漏；投标阶段的施工组织设计由于是初步的，比较粗略；而在设计阶段，仅需要确定施工方案，并不需要非常完整。因此，本学习情境从实用的角度出发，重点介绍施工阶段桥梁施工组织设计的编制。设计和投标阶段施工组织设计的编制可参照施工阶段的编制方法，择其所需来进行编制。

一个大型桥梁工程项目,包含若干个单位工程,如主桥、引桥、引道及附属工程等;而一个单位工程又可划分为若干个分部工程,如主桥中的上部和下部工程;分部工程还可划分出若干个分项工程,如主桥下部工程中的钻孔桩、承台、墩身等。由此,桥梁的施工组织设计可分为总体施工组织设计、单位工程施工组织设计和分部分项工程施工组织设计三种。总体施工组织设计(也可称为施工组织总设计)是针对一个整体的桥梁工程项目而编制的,用以指导这个桥梁工程项目施工全过程的技术、经济和组织活动。编制总体施工组织设计一般在工程中标之后开工之前,在重新评价投标施工组织设计、获得进一步的原始调查资料的基础上,由总承包单位的项目总工程师主持进行编制。

单位工程施工组织设计是针对一个单位工程而编制的,用以指导或实施该单位工程施工全过程的技术、经济和组织活动。编制单位工程施工组织设计一般在拟建工程开工之前,由该单位工程的技术负责人组织人员进行编制。

分部分项工程施工组织设计是针对某一个分部或分项工程而编制的,用于具体实施施工全过程的各项施工活动。分部分项工程施工组织设计一般与单位工程施工组织设计的编制同时进行,并由单位工程的技术人员进行编制。

三种施工组织设计之间存在以下关系:

总体施工组织设计是对整个工程项目的全局性战略部署,其内容和范围比较概括;单位工程施工组织设计是在总体施工组织设计的控制下,以总体施工组织设计为依据编制的,针对具体的单位工程,将总体施工组织设计的有关内容具体化;分部分项工程施工组织设计是以总体施工组织设计和单位工程施工组织设计为依据编制的,针对具体的分部分项工程,将单位工程施工组织设计的有关内容进一步具体化,是某一专项工程的施工组织设计。

如果要对以上三种施工组织设计作另外一种区分,则根据工程项目规模大小的不同,有时可将总体施工组织设计称为指导性施工组织设计,而将单位工程施工组织设计和分部分项工程施工组织设计称为实施性施工组织设计;或将总体施工组织设计和单位工程施工组织设计称为指导性施工组织设计,而将分部分项工程施工组织设计称为实施性施工组织设计。

二、桥梁施工组织设计的内容

1. 总体施工组织设计的内容

(1)编制说明;

(2)编制依据;

(3)工程概况;

(4)施工准备工作总计划;

(5)主要工程项目的施工方案;

(6)施工总进度计划;

(7)资源配置计划;

(8)资金供应计划;

(9)施工总平面图设计;

(10)施工管理机构及劳动力组织;

(11)技术、质量、安全组织及保证措施;

(12)文明施工和环境保护措施;

(13)各项技术经济指标;

(14)结束语。

2. 单位工程施工组织设计的内容

(1)编制说明;
(2)编制依据;
(3)工程概况;
(4)施工方案选择;
(5)施工准备工作计划;
(6)施工进度计划;
(7)各项资源需要量计划;
(8)施工平面图设计;
(9)质量、安全的技术组织保证措施;
(10)文明施工和环境保护措施;
(11)主要技术经济指标;
(12)结束语。

3. 分部分项工程施工组织设计的内容

(1)编制说明;
(2)编制依据;
(3)工程概况;
(4)施工方法的选择;
(5)施工准备工作计划;
(6)施工进度计划;
(7)劳动力、材料和机具等需要量计划;
(8)质量、安全、环保等技术组织保证措施;
(9)作业区施工平面布置图设计;
(10)结束语。

3.0.3 桥梁施工组织设计的编制

对桥梁工程,施工单位中标后,在开工之前,必须编制施工组织设计。如工程实行承包并有分包的,应由总承包单位负责编制总体施工组织设计,分包单位则负责编制其分包工程的施工组织设计。施工组织设计应根据合同工期及有关的规定进行编制,并且要广泛征求各协作施工单位的意见,以求更加合理和切合实际。

对结构复杂、施工难度大以及采用新技术、新工艺的项目,要进行专门研究,必要时应组织专门会议,邀请有经验的专业工程技术人员和技术工人参加,集中群体的智慧,制订出科学合理的施工方案和各种措施,为施工组织设计的编制和实施打下坚实的基础。

编制桥梁施工组织设计,不仅仅是技术部门的事,还要充分发挥各职能部门的优势和作用,应吸收人事、劳资、材料、财务、机械、安全、保卫等部门参与编制和审定,以充分利用施工企业内部的技术优势和管理优势,统筹安排,扬长避短。同时也使各职能部门在贯彻实施施工组织设计过程中做到心中有数。

当比较完整的施工组织设计方案提出之后,要组织参加编制的人员及单位进行讨论,逐项逐条地研究、修改和定稿,最终形成正式文件,报上级主管部门审批。

一、编制桥梁施工组织设计的基本原则

(1)必须严格执行基本建设的程序。

(2)应科学地安排施工顺序,要重点突出控制工期的工程项目,做到保证重点,统筹安排。

(3)尽可能采用流水施工方法和网络计划技术,制订出最合理的施工组织方案,以进行有节奏、均衡、连续的施工。

(4)落实季节性施工的措施,科学合理地安排冬、雨季施工项目,确保全年能连续施工。

(5)在条件允许的前提下,尽量采用施工新技术、新工艺、新材料和新设备。

(6)提出确保工程质量的技术措施和安全措施,当采用新技术、新工艺时更应高度重视。

(7)在满足施工需要的前提下,尽量减小临时设施的规模,合理储备物资,减少物资运输量;合理布置施工平面图,减少用地,以节约各项费用,降低工程成本,提高经济效益。

(8)遵循国家环境保护的有关法规,制订必要的措施,做到文明施工,减少或降低施工中对环境的污染。

二、编制桥梁施工组织设计的一般程序

编制桥梁施工组织设计时,除应采用正确合理的编制方法外,还要按照施工的客观规律,采用科学的编制程序,协调处理好各种影响因素的关系,同时必须注意有关信息的反馈。如图3-0-1所示,编制桥梁施工组织设计的一般程序为:

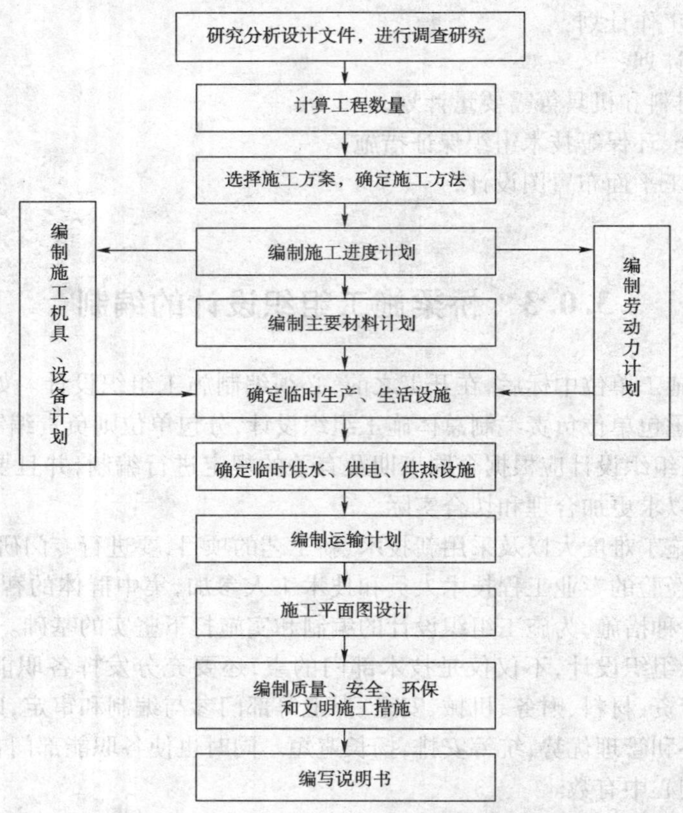

图3-0-1 桥梁施工组织设计的编制程序

(1)研究分析合同文件和设计文件,进行必要的调查研究。

(2)计算工程数量。

(3)选择施工方案,确定施工方法。

(4)编制施工进度计划。

(5)计算人工、材料和机具设备等资源的需要量,并制订供应计划。

(6)确定临时工程、供水、供电和供热计划。

(7)确定工地运输组织。

(8)确定施工平面图设计。

(9)确定施工组织管理机构。

(10)编制技术措施计划。

(11)编制质量、安全、环保和文明施工措施计划。

(12)计算主要技术经济指标。

(13)编写说明书。

3.0.4 桥梁施工组织设计的贯彻、检查和调整

一、桥梁施工组织设计的贯彻

编制好的桥梁施工组织设计,还仅仅是一个为实施桥梁工程施工所提供的可行的方案,至于这个方案的技术经济效果如何,必须通过实践去验证。而贯彻施工组织设计的实质,就是把一个桥梁施工的静态平衡方案,放到不断变化的施工过程中,考核其效果和检验其优劣的过程,以达到预定的目标。如果一个好的桥梁施工组织设计在施工过程中得不到有效地贯彻,则一些预定的目标就不可能实现,因此,施工组织设计贯彻情况的好坏,将对工程的技术经济效果产生直接影响,其意义是非常重要的。

为保证施工组织设计的贯彻实施,应做好以下几个方面的工作。

1. 做好施工组织设计的交底工作

在工程开工之前,召开各级生产和技术会议,将经过上级主管部门审批的施工组织设计,自上而下地逐级进行交底,详细地讲解其内容、技术质量要求、施工的关键工艺及有关的保证措施。在施工工区、队和班组中,组织群众广泛讨论,拟订完成任务的技术组织措施,作出相应的决策。同时责成计划部门,按照施工组织设计所确定的原则,制订出严密的、切实可行的施工计划,下达给各施工工区,施工工区则应对所下达的施工计划进行进一步的分解,划分任务,布置给各施工队和班组具体执行;根据施工组织设计中确定的施工方案,责成技术部门拟订具体的、科学合理的技术实施细则和施工工艺,以保证施工组织设计的贯彻执行。

2. 制订各项管理规章制度

施工组织设计能否顺利地得以贯彻,主要取决于施工企业的管理素质和技术素质以及经营管理的水平。而体现企业素质和水平的标志,在于企业各项管理的规章制度是否健全。实践经验证明,施工企业只有建立了科学的、健全的管理规章制度,才能维持正常的生产秩序,保证工程质量,提高劳动生产率,防止可能出现的漏洞或事故。为此,必须建立、健全各项管理规章制度,以保证施工组织设计的顺利实施。

3. 推行技术经济承包制

为了更好地贯彻施工组织设计,应在施工中推行技术经济承包制度。技术经济承包是运用经济的手段和方法,来明确承发包双方的责任,它便于加强监督和相互促进,是保证承包目标实现的重要手段。在施工过程中,将技术经济责任同职工的物质利益挂钩,做到奖惩分明,对于全面贯彻施工组织设计是十分必要的。

4. 搞好统筹安排与综合平衡

在桥梁工程的施工过程中,统筹安排好施工所需的人力、物力和财力,保持合理的施工规模,既能满足工程施工的需要,又能获得较好的经济效益。施工过程中的任何平衡都是暂时的、相对的,而不平衡是绝对的,只要施工中的某一条件发生变化,不平衡就会产生。因此,要及时分析和研究这些不平衡因素,不断地进行施工条件的反复综合和各专业工种的综合平衡,进一步完善施工组织设计,以保证施工的节奏性、均衡性和连续性。

5. 切实做好施工准备工作

施工准备工作是保证均衡和连续施工的重要前提,也是顺利地贯彻施工组织设计的重要保证。桥梁工程的施工,不仅在开工之前要做好一切人力、物力和财力的准备,在施工过程中的不同阶段也要做好相应的施工准备工作,这对于施工组织设计的贯彻执行是非常重要的。

二、桥梁施工组织设计的检查

1. 主要指标完成情况的检查

对于施工组织设计提出的主要指标,通常采用比较法来进行检查,即将各项指标的完成情况与计划规定的指标相对比。检查的内容应包括工程的进度和质量、材料消耗、机械使用、成本费用等,并将主要指标检查和与其相应的施工内容、施工方法和施工进度的检查结合起来,发现问题,找出差距,为进一步分析原因提供依据。

2. 施工总平面图合理性的检查

在施工中,必须根据施工总平面图的布置要求,按规定的位置建造临时设施,敷设管网和施工便桥便道,合理地存放机具和堆放材料;施工现场还要符合文明施工的要求。一般情况下,施工总平面图不得随意改变,但如果发现与实际情况不相符,存在不合理性时,则应及时制订改进方案,报有关部门批准后进行修改,以不断地满足施工进展的需要。

3. 对施工组织设计执行情况的检查

施工组织设计虽然在开工之前进行了贯彻,但在施工过程中的执行情况如何,是否有违背原则的现象,是否能实现预定的目标,这就需要在施工中进行必要的检查,维护生产的正常秩序,使施工能按预定的方案、程序和方法展开。

4. 桥梁施工组织设计的调整

桥梁的施工活动是一个动态过程,工地上的情况是千变万化的,而施工组织设计在实施过程中,其原定的一些条件、程序和方法都有可能因各种原因而发生改变,因此有必要对施工组织设计进行局部调整。调整的方法主要是根据施工组织设计执行情况,检查发现的问题及产生的原因,拟订改进措施或方案;对施工组织设计的有关部分或指标进行调整;对施工总平面图进行修改,使施工组织设计在新的条件下实现新的平衡。

施工组织设计的贯彻、检查和调整是一项经常性的工作,必须随着桥梁工程施工的进展情况,加强施工中的信息反馈,而且要贯穿施工过程的始终。

施工组织设计贯彻、检查和调整程序如图 3-0-2 所示。

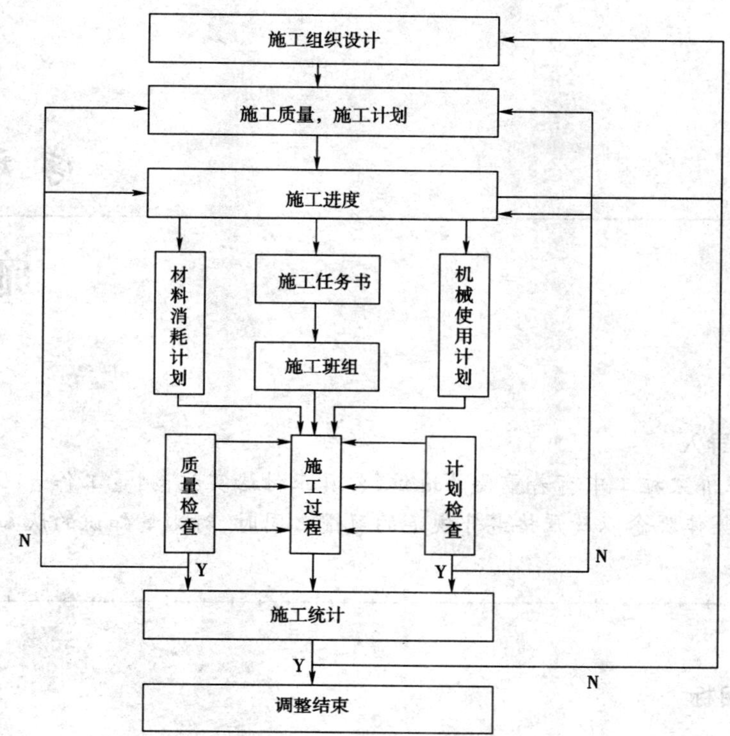

图 3-0-2　施工组织设计的贯彻、检查、调整程序

学习情境 4

施工测量

情境导入

测量工作在桥梁施工中有着重要的地位，要真正付诸实施，测量工作者必须具有熟练的操作技能、良好的集体观念以及严格遵守规范的习惯。同时，对测量知识的认知和理解也是非常重要的。

学习目标

【知识目标】 学习并掌握上部结构现浇施工放样技术。

【能力目标】 建立坐标高程控制网，掌握施工控制中的测量技术。

4.0.1 施工测量的内容及要求

施工测量的内容和要求如下。

(1)根据桥梁的形式、跨径及设计要求的施工精度,确定利用原设计网点加密或重新布设控制网点。

(2)补充施工需要的水准点,桥涵轴线、墩台控制桩。

(3)桥涵放样测量及要求。

①当有良好的丈量条件时可采用直接丈量法进行墩台施工定位。直接丈量,应对尺长、温度、拉力、垂度和倾斜度进行改正计算[改正计算公式见《公路桥涵施工技术规范》(JTJ 041—2000)附录A]。

②大、中桥的水中墩、台和基础的位置,宜用校验过的电磁波测距仪测量。桥墩中心线在桥轴线方向上的位置中误差不应大于±15mm。

③曲线上的桥梁施工测量,应按照设计文件参照公路曲线测定方法处理。

④涵洞测量放样时,应注意核对涵洞纵横轴线的地形剖面图是否与设计图相符,应注意涵洞长度、涵底高程的正确性。对斜交涵洞、曲线上和陡坡上的涵洞,应考虑交角、加宽、超高和纵坡对涵洞具体位置、尺寸的影响,并注意锥坡、翼墙、一字墙和涵洞墙身顶部和上下游调治构造物的位置、方向、长度、高度、坡度,使之符合技术要求。

(4)桥梁施工过程中的测量和竣工测量。

①施工过程中,应测定并经常检查桥涵结构浇砌和安装部分的位置和高程,并作出测量记录和结论。如超过允许偏差时,应分析原因,并予以补救和改正。各结构部分的允许偏差见4.0.2节。

对于桥轴线超过1 000m的特大桥梁和结构复杂的桥梁施工,应进行主要墩、台(或塔、锚)的沉降变形监测,桥梁控制网应每年复测一次,以确保施工安全和质量。

②桥梁竣工后应进行竣工测量,测量项目如下:

a. 测定桥梁中线,丈量跨径;

b. 丈量墩、台(或塔、锚)各部尺寸;

c. 检查桥面高程。

(5)为防止差错,施工测量必须由两个人相互检查校对并作出测量和检查核对记录。

4.0.2 施工测量的精度要求

平面、水准控制测量及质量要求如下。

(1)平面控制网可采用三角测量和GPS测量。三角测量和GPS测量等级的确定应符合表4-0-1及表4-0-7的规定。

(2)平面控制网三角测量。三角网的基线不应少于两条,依据当地条件,可设于河流的一岸或两岸。基线一端应与桥轴线连接,并趋近于垂直。当桥轴线较长时,应尽可能两岸均设基线,长度一般不小于桥轴线长度的0.7倍,困难地段不得小于0.5倍。设计单位布设的基线桩精度够用时应予以利用。三角网所有角度宜布设在30°~120°之间,困难情况下不应小于25°。

平面控制测量等级 表 4-0-1

等　级	桥位控制测量	等　级	桥位控制测量
二等三角	>5 000m 的特大桥	一级小三角	500～1 000m 的特大桥
三等三角	2 000～5 000m 的特大桥	二级小三角	<500m 的大、中桥
四等三角	1 000～2 000m 的特大桥		

①三角测量的技术要求应符合表 4-0-2～表 4-0-5 的规定。

三角测量的技术要求 表 4-0-2

等级	平均边长（km）	测角中误差（″）	起始边边长相对中误差	最弱边边长相对中误差	测回数			三角形最大闭合差（″）
					DJ_1	DJ_2	DJ_6	
二等	3.0	±1.0	≤1/250 000	≤1/120 000	12	—	—	±3.5
三等	2.0	±1.8	≤1/150 000	≤1/70 000	6	9	—	±7.0
四等	1.0	±2.5	≤1/100 000	≤1/40 000	4	6	—	±9.0
一级小三角	0.5	±5.0	≤1/40 000	≤1/20 000	—	3	4	±15.0
二级小三角	0.3	±10.0	≤1/20 000	≤1/10 000	—	1	3	±30.0

水平角方向观测法的技术要求 表 4-0-3

等级	仪器型号	光学测微器两次重合读数之差（″）	半测回归零差（″）	一测回中 2 倍照准差较差（″）	同一方向值各测回较差（″）
四等及以上	DJ_1	1	6	9	6
	DJ_2	3	8	13	9
一级及以下	DJ_2	—	12	18	12
	DJ_6	—	18	—	24

注：当观测方向的垂直角超过 ±3°的范围时，该方向一测回中 2 倍照准差较差，可按同一观察时段内相邻测回同方向进行比较。

测距的主要技术要求 表 4-0-4

平面控制网等级	测距仪精度等级	观测次数		总测回数	一测回读数较差（mm）	单程各测回较差（mm）	往返较差
		往	返				
二、三等	Ⅰ	1	1	6	≤5	≤7	$\le\sqrt{2}(a+b\cdot D)$
	Ⅱ			8	≤10	≤15	
四等	Ⅰ	1	1	4～6	≤5	≤7	
	Ⅱ			4～8	≤10	≤15	
一级	Ⅱ	1	—	2	≤10	≤15	
	Ⅲ			4	≤20	≤30	
二级	Ⅱ	1	—	1～2	≤10	≤15	
	Ⅲ			2	≤20	≤30	

注：①测回是指照准目标 1 次，读数 2～4 次的过程。

②根据具体情况，测边可采取不同时间段观测代替往返观测。

③a——标称精度中的固定误差（mm）；

b——标称精度中的比例误差系数（mm/km）；

D——测距长度（km）。

测量精度等级 表 4-0-5

测距仪精度等级	每千米测距中误差 m_D(mm)	
Ⅰ级	$m_D \leqslant 5$	$m_D = \pm(a+b\cdot D)$
Ⅱ级	$5 < m_D \leqslant 10$	
Ⅲ级	$10 < m_D \leqslant 20$	

注:表中符号意义同前。

②三角网平差一般按角度以条件观测平差为主。平差计算结束后,验算精度应符合表 4-0-2 的规定。

a. 三角网测角中误差按式(4-0-1)计算:

$$m_\beta = \sqrt{\frac{(WW)}{3n}} \tag{4-0-1}$$

式中:m_β——测角中误差(″);

W——三角形闭合差(″);

n——三角形的个数。

b. 测边单位权中误差按式(4-0-2)计算:

$$\mu = \sqrt{\frac{(Pdd)}{2n}} \tag{4-0-2}$$

式中:μ——测边单位权中误差;

d——各边往、返距离的较差(mm),应不超过按仪器标称精度的极限值(2 倍);

n——测距的边数;

P——各边距离测量的先验权,其值为 $1/\delta_D^2$,δ_D 为测距的先验中误差,可按测距仪的标称精度计算。

c. 任一边的实际测距中误差按式(4-0-3)计算:

$$m_{Di} = \mu\sqrt{\frac{1}{P_i}} \tag{4-0-3}$$

式中:m_{Di}——第 i 边的实际测距中误差(mm);

P_i——第 i 边距离测量的先验权;

μ——意义同前。

当网中的边长相差不大时,可按式(4-0-4)计算平均测距中误差:

$$m_D = \sqrt{\frac{(dd)}{2n}} \tag{4-0-4}$$

式中:m_D——平均测距中误差(mm)。

(3)桥位测量的精度要求见表 4-0-6。

桥轴线相对中误差 表 4-0-6

测量等级	桥轴线相对中误差	测量等级	桥轴线相对中误差
二等	1/130 000	一级	1/20 000
三等	1/70 000	二级	1/1 000
四等	1/40 000		

注:对特殊的桥梁结构,应根据结构特点确定桥轴线控制测量的等级与精度。

(4)GPS 测量控制网的设置精度和作业方法应符合《公路全球定位系统(GPS)测量规范》(JTJ/T 066—98)的规定。

控制网相邻点间弦长标准差按式(4-0-5)确定:

$$\sigma = \sqrt{a^2 + (bd)^2} \tag{4-0-5}$$

式中:σ——弦长标准差(mm);

a、b、d 见表 4-0-7。

GPS 控制网的主要技术指标 表 4-0-7

级别	每对相邻点平均距离 d (km)	固定误差 a(mm)	比例误差 b (mm/km)	最弱相邻点点位中误差 m (mm)
一级	4.0	5	1	10
二级	2.0	5	2	10
三级	1.0	5	2	10

注:各级 GPS 控制网每对相邻点间最小距离不应小于平均距离的 1/2,最大距离不宜大于平均距离的 2 倍。

(5)高程控制测量。

①水准测量等级的确定应符合下列要求:2 000m 以上的特大桥一般为三等,1 000 ~ 2 000m的特大桥为四等,1 000m 以下的桥梁为五等。水准测量的等级划分及主要技术要求见表 4-0-8。

水准测量的主要技术要求 表 4-0-8

等级	每千米高差中数中误差(mm)		水准仪型号	水准尺	观测次数		往返较差、附合或环线闭合差(mm)
	偶然中误差(M_Δ)	全中误差 M_W			与已知点联测	附合或环线	
二等	±1	±2	DS_1	铟瓦	往返各一次	往返各一次	$\pm 4\sqrt{L}$
三等	±3	±6	DS_1	铟瓦	往返各一次	往一次	$\pm 12\sqrt{L}$
			DS_3	双面		往返各一次	
四等	±5	±10	DS_3	双面	往返各一次	往一次	$\pm 20\sqrt{L}$
五等	±8	±16	DS_3	单面	往返各一次	往一次	$\pm 30\sqrt{L}$

注:L 为往返测段、附合或环线的水准路线长度(km)。

②水准测量精度计算应符合表 4-0-8 的规定。

a. 高差偶然中误差 M_Δ 按式(4-0-6)计算:

$$M_\Delta = \sqrt{\frac{\left(\frac{1}{4n}\right)}{\left(\frac{\Delta\Delta}{L}\right)}} \tag{4-0-6}$$

式中:M_Δ——高差偶然中误差(mm);

Δ——水准路线测段往返高差不符值(mm);

L——水准测段长度(km);

n——往返测的水准路线测段数。

b. 高差全中误差 M_W 按式(4-0-7)计算:

$$M_W = \sqrt{\left(\frac{1}{N}\right)\left(\frac{WW}{L}\right)} \tag{4-0-7}$$

式中：M_W——高差全中误差(mm)；

W——闭合差(mm)；

L——计算各闭合差时相应的路线长度(km)；

N——附合路线或闭合路线环的个数。

当二、三等水准测量与国家水准点附合时，应进行正常水准面不平行修正。

③特大、大、中桥施工时设立的临时水准点，高程偏差(Δh)不得超过按式(4-0-8)计算的值。

$$\Delta h = \pm 20\sqrt{L}(\mathrm{mm}) \tag{4-0-8}$$

式中：L——水准点间距离(km)。

对单跨跨径≥40m 的 T 形刚构、连续梁、斜拉桥等的偏差(Δh)不得超过按式(4-0-9)计算的值。

$$\Delta h_1 = \pm 10\sqrt{L}(\mathrm{mm}) \tag{4-0-9}$$

式中：L——水准点间距离(km)。

在山丘区，当平均每千米单程测站多于 25 站时，高程偏差(Δh)不得超过按式(4-0-10)计算的值。

$$\Delta h_2 = \pm 4\sqrt{n}(\mathrm{mm}) \tag{4-0-10}$$

式中：n——水准点间单程测站数。

高程偏差在允许值以内时，取平均值为测段间高差，超过允许偏差时应重测。

④当水准路线跨越江河或湖塘、宽沟、洼地、山谷等时，应采用跨河水准测量方法校测。跨河水准测量方法可按照《公路勘测规范》(JTG C10—2007)执行。

学习情境 5

上部结构现浇施工

情境导入

某互通式立交匝道大桥全桥左、右幅错孔。为保证结构整体受力并保持结构优美的线形，不适宜采用预制安装施工，故采用现浇施工。

学习目标

【知识目标】 支架设计，满堂支架现浇上部结构的施工方法、工艺流程、技术指标和质量控制，节段浇筑施工中高程及应变的监控、影响因素和具体控制方法，合龙施工技术。

【能力目标】 根据图纸和施工规范，选择合理的施工方案，掌握上部结构现浇施工涉及的设计计算内容，熟悉节段浇筑施工控制方法。

任务 5.1 支架计算和设计

支架计算有三种:满布式木支架计算、万能杆件支架计算、扣件式钢管支架计算。本学习任务以工程施工单位应用最广的扣件式钢管支架计算为例,介绍支架计算和设计的步骤。

5.1.1 扣件式钢管支架计算简介

一、构造

扣件式钢管支架适用于无水或水流较浅的河流,主要由立杆(立柱)和横向水平杆(小横杆)、纵向水平杆(大横杆)、剪力撑和斜撑等组成,立杆、大横杆、小横杆是主要受力构件,如图 5-1-1 所示,采用 Q235A(3 号)钢,截面特性见表 5-1-1。扣件式钢管支架杆件连接采用直角扣件、旋转扣件和对接扣件三种,供两根钢管直角连接、搭接连接或对接连接用,3 种扣件的容许荷载分别为 6kN、5kN 和 2.5kN。

图 5-1-1 扣件式钢管支架示意图

立杆间距应根据计算确定,一般顺桥向(纵向)为 1.0 ~ 1.2m,横桥向以 0.5 ~ 1.1m 为宜,大横杆步距不宜超过 1.5m。

扣件式钢管支架必须搭设在经处理的坚实地基上,在立柱底部铺设垫层和安放底座。垫板可以采用厚度不小于 200mm 的混凝土或厚度不小于 50mm 的木板。

二、荷载

扣件式钢管支架计算涉及的荷载有如下几种:

(1)扣件式钢管支架自重,包括立柱、纵向水平杆、横向水平杆、支承杆件、扣件等,可按表 5-1-1 计算。

(2)模板、新浇混凝土等荷载。

(3)施工人员及其设备、运输工具等荷载。

三、立杆计算

立杆按两端铰接的受压构件计算,计算长度 l = 大横杆步距 h。

$$N \leqslant \varphi A[\sigma] \tag{5-1-1}$$

式中:N——立杆轴向力计算值,同时应满足表 5-1-2 要求;

A——立杆横截面面积;

φ——立杆轴心受压构件纵向弯曲系数,见《路桥施工计算手册》附录三;

$[\sigma]$——钢材强度极限值,为 215kPa。

四、纵、横向水平杆计算

纵、横向水平杆按受弯构件计算。

(1)横向水平杆(顶端小横杆):认为所有荷载均由小横杆承受并传给立杆,按两跨或三跨连续梁验算其抗弯强度和挠度,也可按近似公式(5-1-2)、公式(5-1-3)计算。

弯曲强度 $$\sigma=\frac{ql_1^2}{10W}\leqslant[\sigma] \tag{5-1-2}$$

抗弯刚度 $$f=\frac{ql_1^4}{150EI}\leqslant[f] \tag{5-1-3}$$

(2)纵向水平杆(大横杆):按两跨或三跨连续梁计算,梁的跨度 l = 立杆间距。用小横杆传来的最大反力计算值,在最不利荷载布置计算其最大弯矩值,其弯曲强度按式(5-1-4)验算。

弯曲强度 $$\sigma=\frac{M_{\max}}{W}\leqslant[\sigma] \tag{5-1-4}$$

当按两跨连续梁计算时:

$$M_{\max}=0.333Fl_2,\ f=1.466\frac{Fl_2^2}{100EI} \tag{5-1-5}$$

当按三跨连续梁计算时:

$$M_{\max}=0.267Fl_2,\ f=1.883\frac{Fl_2^2}{100EI} \tag{5-1-6}$$

上述式中:$M_{\max}$——大横杆的最大弯矩;

W——杆件截面抵抗矩,见表5-1-1;

l_1——小横杆的计算跨径;

l_2——大横杆的计算跨径;

EI——杆件的抗弯刚度;

q——小横杆的均布荷载值;

F——小横杆作用在大横杆上的集中荷载;

f——小横杆的最大挠度值;

$[f]$——容许挠度值,取3mm。

其余符号意义同前。

五、扣件抗滑承载力计算

$$R\leqslant R_c \tag{5-1-7}$$

式中:R——由大小横杆传给立杆的最大竖向作用力;

R_c——扣件抗滑移承载力设计值,对直角扣件和旋转扣件,$R_c=8.5$kN。

六、立柱地基承载力计算

$$P=\frac{N}{A_b}\leqslant[\sigma] \tag{5-1-8}$$

式中:P——立柱基础底面处的平均压力设计值;

N——上部结构传至基础顶面的轴心力设计值;

A_b——基础底面积；

$[\sigma]$——地基承载力设计值，$[\sigma]=f_k \cdot k_b$；

f_k——地基承载力标准值，按国家现行标准《建筑地基基础设计规范》中附录五的规定采用；

k_b——地基承载力调整系数，对碎石土、砂土、回填土，$k_b=0.4$；对黏土，$k_b=0.5$；对岩石、混凝土，$k_b=1.0$。

扣件式钢管截面特性 表 5-1-1

外径 a(mm)	壁厚 t(mm)	截面积 A(mm^2)	惯性矩(mm^4)	抵抗矩 W(mm^3)	回转半径(mm)	每米长自重(N)
48	3.0	4.24×102	1.078×102	4.493×102	15.95	33.3
48	3.5	4.89×102	1.215×102	5.078×103	15.78	38.4

钢管支架容许荷载 表 5-1-2

横杆间距 L(cm)	$\phi48\times3$ 钢管		$\phi48\times3.5$ 钢管	
	对接立杆(kN)	搭接立杆(kN)	对接立杆(kN)	搭接立杆(kN)
100	31.7	12.2	35.7	13.9
125	29.2	11.6	33.1	13.0
150	26.8	11.0	30.3	12.4
180	24.0	10.2	27.2	11.6

5.1.2 案例概况介绍

某桥箱梁支架采用碗扣式支架，满堂红钢管 $D=4.8$cm，壁厚 $t=3.5$mm。立杆纵向间距为 90cm，横向间距为 90cm，步距 120cm。支架顶托上顺桥方向放置 10cm×15cm 方木，在 10cm×15cm 方木上横桥放置 10cm×10cm 方木，中到中间距 20cm，模板采用 1.5cm 厚木胶板。

图 5-1-2 箱梁碗扣式支架示意图

侧模板竖肋采用 10cm×10cm 方木，间距 20cm。竖肋外侧设置上下两道 10cm×10cm 横向方木。

基础全范围用 30cm 厚炮渣石换填。压实度达到 96% 以上，地基承载力达到 250kPa 以上。其上用宽 25cm、厚 5cm 木板沿纵桥向按 0.9m 间距依次排开。木板上接支架底托。

5.1.3 使用数据

东北落叶松木(A-1)容许拉应力 $[\delta_1]=14.5\mathrm{N/mm^2}$，弹性模量 $E=11\times10^3$MPa，木胶板重度 $=9\mathrm{kN/m^3}$，如表 5-1-3 所示；A3 钢材：容许拉、弯、压应力 $[\delta]=175\ \mathrm{N/mm^2}$，弹性模量 $E=2.1\times10^5$MPa，如表 5-1-4 所示；脚手架立柱容许长细比 $[\lambda]=150$，如表 5-1-5 所示。

各种常用木材的容许应力和弹性模量(MPa) 表 5-1-3

木材种类		树种名称	顺纹拉应力(σ_l)	顺纹承压应力(σ_a)	顺纹弯应力(σ_w)	顺纹剪应力(σ_j)	弯曲剪应力(τ)	横纹承压应力(一曲)			弹性模量$E(\times 10^3)$
								全面积	局部表面及齿面	螺栓垫板下	
针叶材	A-1	东北落叶松、陆地松	9.0	14.5	14.5	1.5	2.3	2.3	3.5	4.6	11
	A-2	鱼鳞云杉、西南云杉、铁杉、红杉、赤杉、新疆落叶杉	8.5	13.0	13.0	1.4	2.0	2.0	2.9	4.1	10
	A-3	红松、樟子松、华山松、马尾松、云南松、广东松、油松、红皮云杉	8.0	12.0	12.0	1.3	1.9	1.8	2.6	3.6	9
	A-14	杉木、华北落叶杉、秦岭落叶杉	7.0	11.0	11.0	1.2	1.7	1.8	2.6	3.6	9
	A-5	冷杉、西北云杉、山西云杉、山西油杉	6.5	9.5	9.5	1.2	1.7	1.6	2.3	3.1	8.5
阔叶材	B-1	栎木(柞木)、青冈	12.0	19.0	19.0	2.6	3.8	4.1	6.1	8.2	12
	B-2	水曲柳	11.0	16.5	16.5	2.3	3.2	3.7	5.5	7.4	11
	B-3	锥栗(栲木)、桦木	9.5	14.5	14.5	1.9	2.8	3.0	4.4	6.0	10

注:①弯曲剪应力 τ 仅用于整体梁的弯曲受剪验算。

②对于柱(桩)式墩盖梁、柱式座架墩底梁等在局部长度上的容许横纹承压应力为全面积容许承压应力的 2 倍。

③木材湿度超过 30% 或在水中的结构,木材横纹承压容许应力和弹性模量减低 10%。

④原木顺纹受压和受弯的容许应力及弹性模量可提高 15%。

⑤截面短边尺寸大于 15cm 的方木受弯容许应力可提高 15%。

⑥本表摘自《公路桥涵钢结构及木结构设计规范》(JTJ 025—86)。

钢模板、钢管支架、拱架及配件的容许应力(MPa) 表 5-1-4

材种	应力种类	符号	规范规定	新钢模板及配件	
				提高系数	计算采用
A3 钢材	抗拉、抗压轴向力	$[\sigma]$	140	1.25	175
	弯曲应力	$[\sigma_w]$	145	1.25	181
	剪应力	$[\tau]$	85	1.25	106
A3 粗制螺栓	拉应力		110	1.25	138
	剪应力		80	1.25	100
	承压应力		170		170

注:①钢材的弹性模量 E 取 2.1×10^5 MPa。

②当钢模板等构件及配件较旧时,提高系数应降低,但不小于 1.0。

容许长细比[λ]值 表 5-1-5

构件性质	[λ]
主要的受压构件(立柱)	150
次要受压构件	200

5.1.4 计 算 依 据

(1)矩形截面特性：$I=\frac{1}{12}bh^3$，$W=\frac{1}{6}bh^2$，$i=0.289h$。

(2)圆形钢管截面特性：$I=\frac{\pi}{4}(R_l^4-r^4)$，$W=\frac{(R^4-r^4)\pi}{4R}$，$i=\frac{\sqrt{D^2+d^2}}{4}$。

(3)简支梁均布荷载计算公式：$M_{max}=\frac{1}{8}ql^2$，$\sigma=\frac{M_{max}}{W}$，$f=\frac{5ql^4}{384EI}$。

(4)长细比：$\lambda=\mu L/i_x$，L 为横杆步距。

(5)支架稳定性验算：$\delta=\frac{p}{\varphi A_0}$，$A$ 为稳定性验算时截面计算面积。

(6)支架强度验算：$\delta=\frac{p}{A_{ji}}$，A_{ji} 为受压杆件计算截面净面积。

具体参数确定可参见《路桥施工计算手册》表 13-1 及表 12-20 及附录三。

5.1.5 荷 载 计 算

图 5-1-3 为箱梁碗扣式支架布置图，支架所受各项荷载的计算如下所述。

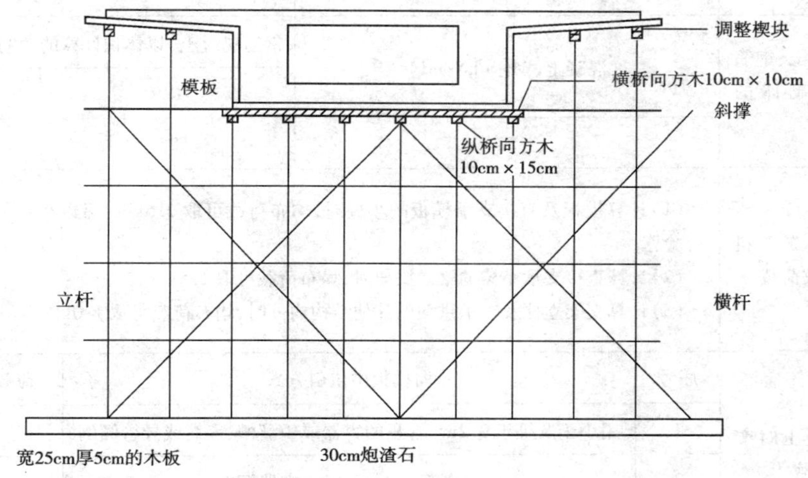

图 5-1-3　箱梁碗扣式支架布置图

1. 模板自重

木胶板：$9kN/m^3\times0.015m$(厚度)$=135N/m^2=0.135kN/m^2$。

$10cm\times15cm$ 方木自重：$6kN/m^3\times0.10m\times0.15m=0.09kN/m$。

$10cm\times10cm$ 方木自重：$6kN/m^3\times0.1m\times0.1m=0.06kN/m$。

每米碗扣支架自重：$10.67kg/m\times1m\times9.8N/kg=104.6N=0.105kN$。

2. 现浇混凝土自重

由于中支点与梁端处受力最大，所以进行荷载验算时取中支点验算。

中支点断面：箱梁高 1.6m，立杆间距 0.9m，面积 $S=1.44m^2$。

中支点断面横箱梁方向每米重量：$1.44m^2 \times 1.0m \times 26kN/m^3 = 37.44kN$。

中支点每平方米箱梁自重：$37.44kN/(1m \times 0.9m) = 41.6kN/m^2$。

3. 施工人员、机具荷载

计算支架时，施工人员、机具荷载取 $1.0kPa = 1.0kN/m^2$；

计算模板及小楞时，施工人员、机具荷载取 $2.5kPa = 2.5kN/m^2$。

4. 振捣荷载

对于水平模板取 $2.0kPa = 2.0kN/m^2$；对于垂直模板取 $4.0kPa = 4.0kN/m^2$。

说明：第3、第4项荷载依据《公路桥涵施工技术规范》（JTJ 041—2000）附录D进行取值。

5. 倾倒混凝土时产生的水平荷载

倾倒混凝土时产生的水平荷载取 $4.0kPa = 4.0kN/m^2$。

以上各项荷载的取值见表5-1-6。

荷载取值表 表5-1-6

<table>
<tr><th>序号</th><th>项目</th><th colspan="8">材料重度或荷载大小</th></tr>
<tr><td rowspan="3">1</td><td rowspan="3">模板、支架、拱架、脚手架重度</td><td colspan="4">木材（kN/m^3）</td><td>钢材（kN/m^2）</td><td colspan="3">定型钢模（kN/m^2）</td></tr>
<tr><td>松木</td><td>阔叶树</td><td>橡木、落叶松</td><td>杉木、枞木</td><td>钢材</td><td colspan="2">组合钢模及连接件</td><td>组合钢模、连接件及钢楞</td></tr>
<tr><td>6</td><td>8</td><td>7.5</td><td>5</td><td>78.5</td><td colspan="2">0.5</td><td>0.75</td></tr>
<tr><td rowspan="3">2</td><td rowspan="3">新浇混凝土、钢筋混凝土或砌体的重度</td><td colspan="4" rowspan="2">混凝土、砌体（kN/m^3）</td><td colspan="4">钢筋混凝土（以体积计算的含筋率）（kN/m^3）</td></tr>
<tr><td colspan="2">≤2%</td><td colspan="2">>2%</td></tr>
<tr><td colspan="4">24</td><td colspan="2">25</td><td colspan="2">26</td></tr>
<tr><td>3</td><td>施工人员、施工料具运输、堆放荷载</td><td colspan="8">（1）计算模板及直接支承模板的小棱时，均布荷载可取2.5kPa，另以集中荷载2.5kN进行验算；
（2）计算直接支承小棱的梁或拱架时，均布荷载可取1.5kPa；
（3）计算支架立柱及支承拱架的其他结构构件时，均布荷载可取1.0kPa</td></tr>
<tr><td rowspan="4">4</td><td rowspan="4">倾倒混凝土时产生的冲击荷载</td><td>序号</td><td colspan="6">向模板中供料方式</td><td>荷载大小（kPa）</td></tr>
<tr><td>1</td><td colspan="6">用小于及等于 $0.2m^3$ 容积的容器或用溜槽、串筒或导管倾倒</td><td>2.0</td></tr>
<tr><td>2</td><td colspan="6">用大于 $0.2 \sim 0.8m^3$ 容器倾倒</td><td>4.0</td></tr>
<tr><td>3</td><td colspan="6">用大于 $0.8m^3$ 容器倾倒</td><td>6.0</td></tr>
<tr><td>5</td><td>振捣混凝土产生的荷载</td><td colspan="8">2.0kPa</td></tr>
<tr><td>6</td><td>其他可能产生的荷载</td><td colspan="8">雪荷载、冬季保暖设施荷载等，按实际情况考虑</td></tr>
</table>

6. 其他荷载

其他荷载计算见表5-1-7。

其 他 荷 载 表 5-1-7

<table>
<tr><th>序号</th><th colspan="2">项 目</th><th colspan="3">荷载计算</th></tr>
<tr><td rowspan="3">1</td><td rowspan="3">风荷载</td><td>横桥向</td><td colspan="3">横向风力 = 横向风压 × 迎风面积;
横向风压按《公路桥涵设计通用规范》(JTG D60—2004)的相关规定计算。做概略计算时,风压可取 0.5 ~ 1.0kPa,支架高于 20m 或处于沿海、海岛、峡谷口地区时,取大值,其他情况可取中值或小值;
当支架高度小于 6.0m,可不计风载</td></tr>
<tr><td rowspan="2">顺桥向</td><td>支架</td><td colspan="2">按横向风压的 70% × 迎风面积</td></tr>
<tr><td>拱架、桁架上部</td><td colspan="2">按横向风压的 40% × 迎风面积</td></tr>
<tr><td rowspan="6">2</td><td colspan="2" rowspan="6">流水压力,流冰压力,船只、漂浮物撞击力</td><td>流水压力</td><td colspan="2">作用于支架桩上的流水压力 P 可按下式计算:
$$P = 0.8A\frac{\gamma v^2}{2g}$$
式中:γ——水的重度(kN/m^3);
v——水的流速(m/s);
A——支架桩阻水面积(m^2);
g——重力加速度($9.81m/s^2$)。
流水压力合力的着力点假定在施工水位线以下 1/3 水深处</td></tr>
<tr><td rowspan="4">船只横桥向撞击力</td><td>内河航道等级</td><td>撞击力(kN)</td></tr>
<tr><td>五级</td><td>300</td></tr>
<tr><td>六级</td><td>110 ~ 160</td></tr>
<tr><td>设置临时防护结构</td><td>不计</td></tr>
<tr><td>漂流物撞击力</td><td colspan="2">$$P = \frac{Wv}{gt}$$
式中:W——漂流物重力(kN),根据河流中漂流物情况,按实际调查确定;
t——撞击时间,一般用 1s;
其余符号意义同上</td></tr>
</table>

7. 计算模板、拱架及支架的荷载效应组合

参与模板、支架和拱架荷载效应组合的各项荷载应符合表 5-1-8 的规定。计算模板、支架和拱架的荷载设计值,应采用荷载标准值乘以相应荷载分项系数,荷载分项系数应按表 5-1-9 采用。

模板、拱架和支架的荷载组合 表 5-1-8

序号	模 板 类 别	参与组合的荷载项	
		计算承载力	验算刚度
1	梁、板和拱的底模板以及支承板、拱架、支架等	1、2、3、4、5、6	1、2、6
2	缘石、人行道、栏杆、柱、梁、板、拱等的侧模板	7、9	7
3	基础、墩、台等厚大建筑物的侧模板	7、8	7

注:①表中 1、2、3、…意义见表 5-1-9。

②第 1 项中 3、4、5、6 类如不发生时,可不计入计算。

③其他荷载只有发生时才考虑计算。

④脚手架的荷载按实际情况考虑。

荷载分项系数　　表5-1-9

序　号	荷载类别	γ_i
1	模板、拱架、支架、脚手架等自重	1.2
2	新浇混凝土、钢筋混凝土或新砌体等自重	1.2
3	施工人员及施工机具运输或堆放的荷载	1.4
4	倾倒混凝土时产生的竖向荷载	1.4
5	振捣混凝土时产生的竖向荷载	1.4
6	冬季施工时保温设施荷载和雪荷载	
7	新浇混凝土时对侧面模板的压力	1.2
8	倾倒混凝土时产生的水平荷载	1.4
9	振捣混凝土时产生的水平荷载	1.4
10	风荷载	
11	流水压力、流冰压力或船只、漂浮物撞击力	

5.1.6 模板验算

一、底板模板验算(厚度1.5cm)

1.强度验算

根据《公路桥涵施工技术规范》(JTJ 041—2000),作如下强度验算。

荷载组合:$q=1+2+3+4=(0.135+41.6+2.5+2)=46.235(\text{kN/m}^2)$。

计算宽度取b,作用在模板上的均布荷载$q_1=46.235\times b=46.235b(\text{kN/m})$。

$$\delta_{\text{m}}=\frac{M_{\max}}{W}<[\delta]$$

$$M_{\max}=\frac{1}{8}q_1l^2=\frac{1}{8}\times 46.235b\times 0.2^2=0.231b(\text{kN}\cdot\text{m})$$

$$W=\frac{1}{6}\times bh^2=\frac{1}{6}\times b\times 1000\times 15^2=37500b(\text{mm}^3)$$

$$\delta_{\text{m}}=M_{\max}/W=0.231b\times 10^6/37500b=6.16(\text{N/mm}^2)<[\delta]=14.5(\text{N/mm}^2)$$

2.刚度验算

根据《公路桥涵施工技术规范》(JTJ 041—2000),作如下刚度验算。

荷载组合:$q=1+2=0.135+41.6=41.735(\text{kN/ m}^2)$。

作用在顶板模板上的均布荷载$q_2=41.735\times b=41.735b(\text{kN/m})$。

$$f=\frac{5ql^4}{384EI}<[f]=\frac{l}{400}$$

$$I=\frac{1}{12}bh^3=\frac{1}{12}\times b\times 15^3=281.25b(\text{mm}^4)$$

$$f=\frac{5ql^4}{384EI}$$

$$=5\times 41.735b\times 200^4/(384\times 11000\times 281.25b)\times 1000$$

$$= 0.28(\mathrm{mm}) < [f] = 200/400 = 0.5(\mathrm{mm})$$

根据以上计算，可得出1.5cm厚木板满足强度、刚度要求。

二、横桥向10cm×10cm方木验算（横梁处）

10cm×10cm方木承受箱梁底模传递的均布荷载q，中到中间距20cm，计算跨径90cm。

1. 强度验算

根据《公路桥涵施工技术规范》（JTJ 041—2000），作如下强度验算。

荷载组合：$q = 1+2+3+4 = 0.135+41.6+2.5+2 = 46.235(\mathrm{kN/m^2})$。

$$q_3 = 46.235\times0.20+0.06 = 9.307(\mathrm{kN/m})$$

$$M_{\max} = \frac{1}{8}q_1l^2 = \frac{1}{8}\times9.307\times0.9^2 = 0.942(\mathrm{kN\cdot m})$$

$$W = \frac{1}{6}\times bh^2 = \frac{1}{6}\times100\times100^2 = 166666(\mathrm{mm^3})$$

$$\delta_{\mathrm{m}} = M_{\max}/W = 0.942\times10^6/166666 = 5.65(\mathrm{N/mm^2}) < [\delta] = 14.5(\mathrm{N/mm^2})$$

强度符合要求。

2. 刚度验算

根据《公路桥涵施工技术规范》（JTJ 041—2000），作如下刚度验算。

荷载组合：$q = 1+2 = 0.135+41.6 = 41.735(\mathrm{kN/m^2})$。

作用在顶板模板上的均布荷载$q_4 = 41.735\times0.20+0.06 = 8.407(\mathrm{kN/m})$。

$$I = \frac{1}{12}bh^3 = \frac{1}{12}\times100\times100^3 = 8333333(\mathrm{mm^4})$$

$$f = \frac{5ql^4}{384EI} = 5\times8.407\times900^4/(384\times9000\times8333333)$$

$$= 0.96(\mathrm{mm}) < [f] = 900/400 = 2.25(\mathrm{mm})$$

刚度符合设计要求。

三、纵桥向10cm×15cm方木验算（横梁处）

方木受10cm×15cm方木传递的均布荷载q，按简支梁计算，方木排布间距90cm，支撑跨度90cm。

1. 强度验算

根据《公路桥涵施工技术规范》（JTJ 041—2000），作如下强度验算。

荷载组合：$q = 1+2+3+4 = 0.135+41.6+2.5+2 = 46.235(\mathrm{kN/m^2})$。

$$q_5 = 46.235\times0.20+0.06+0.09 = 9.397(\mathrm{kN/m})$$

$$M_{\max} = \frac{1}{8}q_1l^2 = \frac{1}{8}\times9.397\times0.9^2 = 0.951(\mathrm{kN\cdot m})$$

$$W = \frac{1}{6}\times bh^2 = \frac{1}{6}\times150\times100^2 = 250000(\mathrm{mm^3})$$

$$\delta_m = M_{\max}/W = 0.951\times10^6/250000 = 3.804(\mathrm{N/mm^2}) < [\delta] = 14.5(\mathrm{N/mm^2})$$

强度符合要求。

2. 刚度验算

根据《公路桥涵施工技术规范》（JTJ 041—2000），作如下刚度验算。

荷载组合：$q=1+2=0.135+41.6=41.735(\mathrm{kN/m^2})$。

作用在顶板模板上均布荷载 $q_6=41.735\times0.20+0.06+0.09=8.497(\mathrm{kN/m})$。

$$I=\frac{1}{12}bh^3=\frac{1}{12}\times150\times100^3=12500000(\mathrm{mm^4})$$

$$f=\frac{5ql^4}{384EI}=5\times8.497\times900^4/384\times11000\times12500000$$

$$=0.527(\mathrm{mm})<[f]=900/400=2.25(\mathrm{mm})$$

刚度符合设计要求。

5.1.7 支架验算(横梁处)

荷载组合：$q=1+2+3+4$，验算支架稳定性时稳定系数取 1.3。

1. 荷载计算

立杆间距为 90cm×90cm，最高处 16.5m，$S=0.9\times0.9=0.81\mathrm{m^2}$，则单根立杆支撑荷载

$$P=(0.135+41.6+1+2)\times0.81\times1.3+(0.06+0.09)\times0.9$$
$$\times1.3+0.105\times16.5\times1.3=49.534\mathrm{kN}$$

截面特性计算：

$\phi48\times3.5$ 钢管其截面积 $A=(D^2-d^2)\times\pi/4=4.891(\mathrm{cm^2})$；

x 轴截面惯性矩 $I_x=(D^4-d^4)\times\pi/64=12.1805(\mathrm{cm^4})$；

x 轴回转半径 $i_x=(I_x/A)1/2=1.578(\mathrm{cm})$；

系数 $\mu=1$。

2. 强度验算

$$\delta=\frac{P}{A_{ji}}=49534/489.1=101.28(\mathrm{N/mm^2})<[\delta]=175(\mathrm{N/mm^2})$$

3. 稳定性验算

杆件长细比 $\lambda=\mu_l/i_x=1\times120\mathrm{cm}/1.578\mathrm{cm}=76<[\lambda]=150$。

对任意柱进行整体稳定性验算(按压杆稳定验算)，查表得：

$$\lambda=76\text{ 时},\phi=0.744$$

$$\delta=P/\phi A=49534/(0.744\times489.1)$$
$$=136.1\mathrm{N/mm^2}<[\delta]=175\mathrm{N/mm^2}$$

稳定性满足要求。

5.1.8 地基承载力验算(横梁处)

基础全范围用 30cm 厚炮渣石换填。压实度达到 96% 以上，地基承载力达到 250kPa 以上。其上用宽 25cm、厚 5cm 木板沿纵桥向按 0.9m 间距依次排开。木板上接支架底托。

$$A=0.25\times0.9=0.225(\mathrm{m^2})$$

$$\sigma=P/A=49.534\mathrm{kN}/0.225\mathrm{m^2}=220\mathrm{kPa}<[\sigma_0]=250\mathrm{kPa}(\text{最低值})$$

地基承载力满足要求。

实战演练 依据马颊河大桥施工资料，每位学生提交一份箱梁模板、支架计算书。

任务 5.2 满堂支架现浇上部结构施工

知识导入

满堂支架是在桥跨间设置支架，安装模板，绑扎钢筋，现场浇筑混凝土的施工方法，特别适用于旱地上的钢筋混凝土和预应力混凝土中小跨径连续梁桥的施工。固定支架法施工的特点是：梁的整体性好，施工平稳、可靠，不需大型起吊设备；施工中无体系转换的问题，但需要大量施工支架，并需要有较大的施工场地。图 5-2-1 为满堂支架法浇筑混凝土连续箱梁施工工艺流程图。

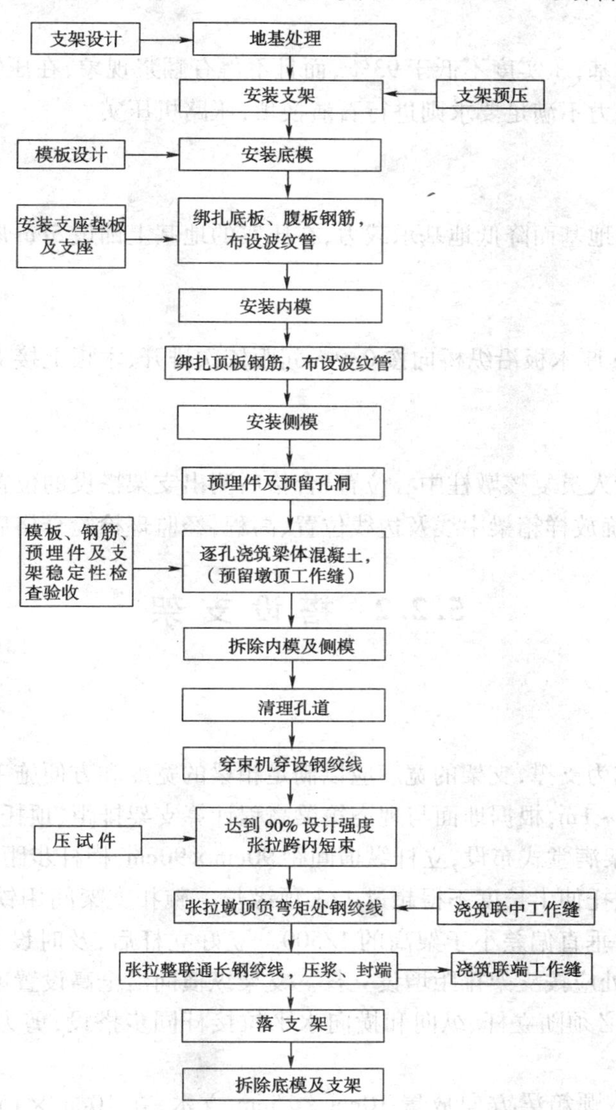

图 5-2-1 满堂支架法浇筑混凝土连续箱梁施工工艺流程图

5.2.1 地基处理

一、地基整平

首先探明基底是否有泥浆池，如果有泥浆池则先将泥浆挖出，然后换填土。正常情况下，使用推土机配合平地机将满堂支架范围内地基整平，并调出0.5% ~1%的横坡度，以利于排水。在地面硬化以后，加强箱梁基础范围内的排水工作，在支架范围以外挖30cm×30cm的排水沟，并设置引水槽，防止在施工场地内形成积水，造成地基不均匀沉降，引起支架失稳，出现安全隐患和事故。

二、压实

用压路机碾压地基，压实度不低于93%，而且不得有翻浆现象，在压实完毕后测出地基承载力。如果地基承载力不满足要求则进行石渣换填，压路机压实。

三、铺筑砂浆

为防止下雨浸泡地基而降低地基承载力，在压实的地基上铺设5cm厚的砂浆。

四、铺设枕木

用宽5cm×25cm厚木板沿纵桥向按0.9m间距依次排开，木板上接支架底托。

五、测量放样

箱梁施工前测量人员复核墩柱中心位置，合格后测出支架搭设的位置与高程，箱梁底模铺设完后，在底模上精确放样箱梁中线及边线位置、高程，经监理检验合格后进行下道工序施工。

5.2.2 搭设支架

一、排架搭设

采用碗扣支架作为支撑，支架的宽度应以满足箱梁的宽度和方便施工来考虑，拟在横向两侧各比桥面宽出0.5 ~1m，根据地面与现浇箱梁高程计算支架排距、顶托和底托高度。箱梁采用DWJ型碗扣式支架满堂式布设，立杆纵横间距90cm×90cm，横杆步距1.2m，横杆步距底下一层为0.9m。顶、底托伸出长度不得超过1/3顶缘长。碗扣支架间用铁锤敲击锁紧，使支架纵向直顺，横向水平，垂直偏差小于架高的1/500。立好立杆后，及时设置扫地杆和第一步大小横杆，桥台与墩柱处应按支架排距增设立杆。支架纵横向沿全高设置剪力撑，斜杆与地面的夹角为45°。剪力撑必须随立杆、纵向和横向水平拉接杆同步搭设，剪力撑要落地，在腹板处增设剪力撑。

箱梁支架顶托上顺箱梁方向放置10cm×15cm方木，在10cm×15cm方木上横桥放置10cm×10cm方木，中心到中心间距20cm。

二、排架预压

为清除支架的变形和因地基沉陷而引起的箱梁早期开裂，同时为验证支架的安全性和预拱值的准确性，保证成品箱梁的外观质量，支架须进行加载预压。预压在横桥向 10cm × 10cm 方木铺设完成后，按设计荷载 1.2 倍换算出压载重量，用土袋在底板上模拟现浇重量加载预压。

支架预压时在底模上设沉降观测点。观测点 5m 一个断面，每断面左、中、右 3 个点。在预压重量达设计荷载 50%、75%、90%、100% 时皆需进行观测，并派专职施工员和安全员观测支架变形情况，一旦发现支架变形超出允许范围，必须立即停止预压，并分析原因，待处理完善后方可再进行预压。

预压时 1 天观测 3 次，由专人用水准仪进行沉降观测。测算出最终沉降量，以此来调整底模预拱度，保证连续箱梁具有设计要求的预拱度和线形。

若连续 48h 沉降在 5mm 范围内，则进行预压荷载卸载。卸载后方木表面要清理干净。

5.2.3 模板安装

(1)首先在支架上铺设 10cm × 15cm 的方木作为纵梁，然后在纵梁上横向铺设 10cm × 10cm 的方木作为横梁，中心到中心间距 20cm，方木横向长度随桥梁宽而定，比翼板一边宽出 0.5 ~ 1m，以便支撑外模支架及检查人员行走。方木上面铺 1.5cm 厚木胶板作为面板。模板拼缝处要支撑牢固，防止托空错台。侧模板竖肋采用 10cm × 10cm 方木。侧模与挑檐处用 5cm 厚的大板做三角支撑，间距 50cm，竖肋外侧设置两道 10cm × 10cm 横向方木，用顶丝钢管支撑。在腹板处设置上下两道 ϕ20 拉杆，间距 100cm。

(2)预拱度的设置。底模除顺直外，还应先行考虑设置预拱度，预拱度的设置考虑以下因素：

①支架受施工荷载后引起的弹性变形。

②结构重力及 1/2 的汽车荷载引起的弹性挠度。

③由于杆件接头的挤压和卸落设备的压缩产生的变形。

④支架基础受载后的沉降。

预拱度跨中最大，墩顶为零，按抛物线设置。施工中力求线形美观顺畅。

(3)如果现浇箱梁分两次浇筑施工，第一次浇筑前内模侧模采用 10cm × 10cm 方木做立杆，中心到中心间距 20cm，设置两道 10cm × 10cm 横向方木，用顶丝钢管支撑，面板采用 1.5cm 厚木胶板。第一次浇筑完成，混凝土强度达到 2.5MPa 后拆除内模侧模板，安装顶模模板。顶模模板用钢管作为支架，支架顶托上放置 10cm × 10cm 方木，中心到中心间距 50cm，面板采用 1.5cm 厚木胶板。每个箱室顶板均预留一个 1m × 1m 的施工天窗，待主梁施工完成后取出内模，按等强度原则恢复天窗范围内的主梁钢筋并浇筑微膨胀混凝土封顶。

(4)如果采用一次性浇筑施工，内模侧模采用 10cm × 10cm 方木做立杆，中心到中心间距 20cm，设置两道 10cm × 10cm 横向方木，用顶丝钢管支撑，面板采用 1.5cm 厚木胶板。顶模模板用钢管作为支架，支架顶托上放置 10cm × 10cm 方木，中心到中心间距 50cm，面板采用 1.5cm厚木胶板。每个箱室顶板均预留一个 1m × 1m 的施工天窗，待主梁施工完成后取出内模，按等强度原则恢复天窗范围内的主梁钢筋并浇筑微膨胀混凝土封顶。

(5)侧模和底模用“帮夹底”拼装,接缝处用海绵条密封防止露浆。现浇箱梁锚具封端处模板采用木模,保证锚垫板位置、角度准确,封端采用海绵条堵塞保证水泥浆不漏。模板安装完毕后,应对其平面位置、顶部高程、节点联系以及“纵横向”稳定性进行检查,经自检合格后,请监理工程师验收,合格后方可进行下道工序施工。

5.2.4 钢筋工程施工

一、钢筋加工与安装

(1)钢筋、钢绞线严格按规范规定频率、批次进行原材料焊接试验、机械接头试验,不合格品严禁用于本工程。钢筋制作前,需熟悉图纸和规范要求,按设计长度下料。考虑到主梁钢筋规格多、数量大,为避免使用混淆,按不同等级、牌号、直径、长度分别挂牌堆放。

(2)钢筋在加工场内制作,现场安装成型。钢筋的制作及安装均应严格按照规范要求进行。钢筋施工时注意控制好电焊机焊接作业,避免引起预应力管道穿孔导致漏浆。焊接作业要尽可能在预应力管道安设之前完成,且焊接时地线连接牢固,并派专人检查。波纹管在安装前先进行有压渗漏检测试验,通过试压无渗漏者才能用于工程,波纹管采用“井”字型绑扎固定,力求安设后牢固。钢筋焊接前,两钢筋搭接端部应预先折向一侧,使两结合钢筋的轴线在同一直线上。采用双面焊时,焊缝长度保证大于$5d$(d为钢筋直径);采用单面焊时,焊缝长度保证大于$10d$(d为钢筋直径)。采用机械接头时,标准丝为11丝,外露丝控制在±1丝范围内。

(3)现浇箱梁钢筋如果采用二次绑扎成型,则第一次绑扎箱梁底、腹板钢筋,在第一次混凝土浇筑完成后,第二次绑扎箱室顶板、翼板钢筋。现浇箱梁钢筋如果采用一次绑扎成型,则先绑扎底板钢筋及腹板钢筋,待内模模板安装完成后,再绑扎顶板钢筋。

(4)端横隔梁及中横隔梁的钢筋在地面进行绑扎成钢筋骨架后,由吊车吊装就位。钢筋间距分布均匀,钢筋直顺,绑扎牢固。在施工现场钢筋骨架绑扎时,钢筋的交叉点应用铁丝绑扎结实(必要时,亦可用点焊焊牢),铁丝的甩头一律向内,严禁外露。钢筋骨架的间距均匀,符合设计要求,主筋线形要顺直。钢筋骨架成型以后,主筋外面每隔50cm梅花形设置塑料卡,以保证钢筋保护层厚度满足设计要求。

(5)钢筋保护层的控制,采用聚酯塑料垫块或提前预制与主梁等强度等级相同的混凝土垫块,混凝土垫块要预埋钢丝以将混凝土垫块绑于钢筋上,使其不致脱落和移位。混凝土保护层的厚度要符合设计及规范要求。

二、预应力筋及预应力管道设置

(1)钢绞线进场后,必须对其强度、弹性模量、外形尺寸等有关材料指标进行严格检测,只有通过试验合格的钢绞线才能用于工程。钢绞线应放置在室内以防止锈蚀,施工期间的外露钢绞线采取遮盖或包裹措施,保证钢绞线不得锈蚀和污染。

(2)钢束制作。钢绞线下料长度=孔道长度+工作长度。钢绞线下料不得使用电弧焊或气割进行切割,只允许使用切割机或砂轮片,并应使钢绞线的切割面为与轴线垂直的平面,以便张拉时检查断丝。

(3)钢绞线编束,长束采用铁丝进行绑扎编束,对钢绞线进行编号以防止其缠绕,每隔

1～1.5m帮扎一道铁丝,铁丝扣向里。短束不进行绑扎,只进行梳理使其自然平顺即可。

(4)预应力管道,根据设计要求采用金属波纹管。波纹管的连接采用套管,连接长度10～20cm,在连接处设"井"字形固定架进行固定,而且连接处应平齐,不破裂,不变形,接口处用胶布缠裹后再加缠一层透明胶带。在钢束曲线的最高处设排气孔1～2道。锚垫板与波纹管连接采用内穿式,即直接将波纹管穿入锚垫板内部,接口处用胶布缠绕,以防止水泥浆进入预应力管道内。

(5)钢束定位。钢束定位架严格按照规范和设计要求定位,直线段一般每延米设置一个定位架,曲线段适当加密。要确保钢束平、纵曲线位置坐标符合要求,保证锚垫板位置正确及钢束的平顺性。

(6)波纹管、锚垫板安装。梁体钢筋骨架与定位钢筋绑扎好后,按波纹管管道坐标位置用钢筋支架固定,确保其定位准确。管节连接平顺,孔道锚固端的锚垫板须垂直于孔道中心线。注意压浆管不得伸入喇叭管内。锚垫板要牢固地安装在模板上,定位孔的螺栓要拧紧,垫板与孔道严格对中,并与孔道端部垂直,不得错位。锚垫板的压浆孔用同直径的管丝封堵。在锚垫板与模板之间加一层橡胶或泡沫塑料板,喇叭口与波纹管相接处,要用塑料胶布缠裹紧密,防止漏浆堵孔。施工中要注意保护波纹管,施工人员不得踩踏或用工具敲击波纹管。

(7)钢绞线穿束。钢绞线下料切割时应整理顺直,不得有扭曲、弯曲,并在每端离切口30～50mm处用铁丝绑扎。切割时用砂轮锯。第一次混凝土浇筑前进行钢绞线穿束,在钢绞线端头用透明胶带包裹,钢绞线束穿束由人工与电动葫芦配合进行,穿束人员抓住钢绞线束往前送,前端用电动葫芦拉,直到钢绞线束前端伸出长度达到要求为止。

5.2.5 混凝土的施工

一、混凝土拌和与运输

(1)混凝土拌和。如果使用JS500强制式搅拌机拌和混凝土,每台搅拌机的生产能力为$0.5m^3$,拌和时间不少于90s,每台每小时正常情况下拌和能力为$12～15m^3$。根据生产能力计划配置JS500强制式搅拌机的台数。

(2)混凝土运输。采用混凝土泵车泵送混凝土。

(3)混凝土入模。可以采用汽车泵输送混凝土入模,坐地泵作为备用泵。先用混凝土搅拌车将混凝土放入汽车泵内,再通过汽车泵将混凝土送入模板内。混凝土配合比设计应注意配合比由中心试验室进行配制,并报经驻地监理工程师和总监理工程师批准后方可使用。

二、混凝土浇筑前的准备工作

(1)混凝土浇筑前,首先进行泵送试验,测得施工参数后,才能进行箱梁混凝土施工。

(2)检查维修施工机械,保持良好的运行状态。

(3)浇筑混凝土前,用空压机吹净模板内杂物。应对模板、钢筋和预埋件进行检查,清除模板内的杂物、积水和钢筋上的污垢。

(4)现场施工人员分工合理、细致,各负其责。并做好人员组织协调和设备材料的及时调度。混凝土由工地拌和站进行拌和,砂石料用自动上料机计量供料,水由自动流量计控制。混凝土的原材料及拌和由试验室负责。

(5)按规范要求控制混凝土的上料程序和拌和时间。

(6)混凝土运送到施工现场,由现场试验人员、技术人员进行坍落度、均匀性以及混凝土入模温度的检查,经检验合格后进行混凝土浇筑,混凝土坍落度要求严格控制。

三、箱梁混凝土浇筑

(1)混凝土入模后不应出现离析现象,混凝土分层入模、分层振捣,每层厚30cm,腹板下料要均衡、对称,以减少支架因偏心受压引起的变形,下层混凝土未振捣密实前,严禁下料。下层混凝土浇筑应自横断面中心向两侧对称进行,顶板混凝土自翼板两端对称向中心进行。浇筑按底板、腹板、顶板、翼缘板的顺序,以横断中心为对称点,由中心开始向腹板两侧对称浇筑。

(2)箱梁浇筑可以分两次进行,也可以一次浇筑完成。如果是分两次浇筑施工,依次浇筑底板、腹板,然后浇筑顶板。混凝土由拌和站集中拌和,混凝土搅拌运输车运至现场,采用混凝土输送泵将混凝土送入模内浇筑。混凝土由较低一端向另一端进行浇筑,以防混凝土浆流至前面未浇混凝土底板上影响混凝土质量。混凝土采用斜向分层法进行浇筑,倾斜角度一般控制在25°左右。第二次混凝土浇筑前,新旧混凝土结合处应凿除表面的水泥砂浆和松弱层并清理干净。并在浇筑前在旧混凝土表面洒水湿润。

(3)混凝土的现场振捣严格按照规范进行,以机械为主,人工振捣为辅。底板、腹板以插入式振捣器为主,顶板可先用插入式振捣器振捣,再用平板式振捣器振捣,进行找平。插入式振捣器成梅花形布点,移动间距不超过振捣器作用半径的1.5倍(30cm)。与模板保持10cm左右的距离,振捣器插入下层混凝土5~15cm,使上下两层密切结合,质量好,表面美观。在每一处位置振动完毕后边振动边徐徐提出振动棒,避免振捣棒直接碰撞模板、钢筋、波纹管及其他预埋件。振捣充分,直至混凝土表面泛浆、平坦、无气泡冒出,不再下沉为止。锚端位置要重点振捣密实,派专人检查模板与支架。混凝土浇筑完成后,表面及时进行整平、压实、二次收浆及养护处理。混凝土浇筑过程中要做好观测工作,如发现异常现象及时分析原因,以便进行正确处理。

(4)混凝土浇筑保证在12h内完成,混凝土浇筑过程中要严密观察内模的上浮情况,为防止内模上浮,可采用对拉方法将内模与外模固定在一起,解决上浮问题。

(5)模板拆除。当混凝土强度达到2.5MPa以上时方可拆除外侧模。当混凝土强度达到设计强度的75%时即可拆除内模的竖向支撑,要按照均匀对称的原则拆除竖向支撑。模板及其他材料从天窗内运出来,待所有预应力全部张拉、孔道压浆完成后,方可拆除现浇箱梁底模及支架。拆模时注意防止破坏混凝土棱角和表面。在拆除过程中禁止用敲打和强扭的方法进行。

(6)浇筑过程中的沉降及模板观测。在混凝土浇筑过程中,安排2名技术人员和4名技术工人轮流值班,每隔2~3h测量一次沉降,并做好记录。看模人员随时注意检查模板稳定、漏浆情况,发现问题及时解决。

(7)箱梁顶面高程及平整度控制。

①高程控制。在顶板钢筋上焊接钢筋头,钢筋头的高程即为梁板顶高程。大桥横向焊接5排,间距不超过3m,纵向每间隔5m焊接一个钢筋头,并焊接$\phi 14$的钢筋以此来控制高程。

②平整度的控制。用长度不小于3m的直尺沿桥的纵向钢筋刮平。

(8)拉毛。混凝土浇筑完成后在收浆前要抹压一遍,收浆后再抹压一遍,以防止收缩裂纹的产生。箱梁顶面混凝土刮平之后、初凝之前,用棕刷沿桥的横向进行拉毛。在混凝土浇筑过程中,在梁端设专人适时地往复拉动钢绞线,防止漏入水泥浆堵孔。

(9)混凝土养护。初凝之后及时用湿过水的再生棉覆盖,混凝土终凝后洒水养生。拆除模板后采用双层饱水养生法,内层使用饱水性较强的土工织物、再生毡等,洒水后,全面接触在混凝土的表面,外层覆盖塑料布保湿。根据温度情况,适当洒水,洒水次数以能保证混凝土表面湿润为度,养生期不小于7d。

(10)混凝土试件的制作。每一班组留取2组混凝土试块,其中一组与箱梁同体养生,以确定张拉时混凝土的强度,另外的试块则进行标准养生。

5.2.6 预应力施加及压浆

一、准备工作

(1)检查梁体有无蜂窝麻面、孔洞、露筋、露钢束,锚垫处有无空洞等情况,若有上述情况则采用监理工程师认可的材料和工艺进行处理,然后再张拉。

(2)清除钢束外露部分的污物,清除锚具上面的油污及卡片的毛刺。

(3)对锚头进行裂缝检查,逐片检查夹片的硬度,连接器使用前应对其进行必要的试验,以保证该连接器能满足相关技术要求。

(4)计算引伸量。根据钢绞线的实际检测弹性模量计算出其伸长量,并与设计值相比较,如果出入较大则分析原因。

(5)标定校核千斤顶。由县级以上计量部门标定千斤顶与油泵的关系。

(6)检查孔道内是否有水泥浆进入,如果有水泥浆进入波纹管,可用YCW20型400t千斤顶在张拉端往复抽拉钢绞线。

(7)用空压机向孔道内送无油空气清除污物。

二、预应力张拉

(1)预应力筋安装。

① 预应力筋可在浇筑混凝土之前或之后穿入管道。对钢绞线,可将一根钢束中的全部钢绞线编束后整体装入管道中,也可逐根将钢绞线穿入管道。穿束前应检查锚垫板和孔道。锚垫板位置应准确,孔道内应畅通,无水和其他杂物。

②预应力筋安装后的保护。

a. 对在混凝土浇筑及养生之前安装在管道中,但在下列规定时限内没有压浆的预应力筋,应采取防止锈蚀或其他防腐蚀的措施,直至压浆。

不同暴露条件下,未采取防腐蚀措施的力筋在安装后至压浆时的容许间隔时间为:空气湿度大于70%或盐分过大时,7d;空气湿度为40% ~70%时,15d;空气湿度小于40%时,20d。

b. 在力筋安装在管道中后,管道端部开口应密封以防止湿气进入。采用蒸汽养生时,在养生完成之前不应安装力筋。

c. 在任何情况下,当在安装有预应力筋的构件附近进行电焊时,对全部预应力筋和金属件均应进行保护,防止溅上焊渣或造成其他损坏。

③对在混凝土浇筑之前穿束的管道,力筋安装完成后,应进行全面检查,以查出可能被损

坏的管道。在混凝土浇筑之前,必须将管道上一切非有意留的孔、开口或损坏之处修复,并应检查力筋能否在管道内自由滑动。

后张预应力筋制作安装的允许偏差见表 5-2-1。

后张预应力筋制作安装允许偏差　　表 5-2-1

项　目		允许偏差(mm)
管道坐标	梁长方向	30
	梁高方向	10
管道间距	同排	10
	上下层	10

(2)安装工作锚环和夹片。钢绞线通过锚环上对应孔后,锚环紧贴锚垫板,在每孔中钢绞线和孔壁间装入两片夹片,用 ϕ20mm 钢管套在钢绞线上将卡片打入锚孔,要求两夹片外露面平齐,间隙均匀,再装上环形胶(钢丝)圈。

(3)安装限位板。将限位板的孔通过钢绞线后,限位板紧贴锚环且无缝。

(4)装千斤顶。钢束通过千斤顶的孔道,千斤顶紧贴限位板,务使千斤顶、限位板、锚环、锚垫板都在钢束的轴心线上(即四对中)。注意:钢绞线要编束、理顺,不能交错,否则会发生断丝现象。

(5)装工具锚环。工具夹片的光面先抹少许石蜡或垫塑料薄膜后再装入,便于夹片的退出。

(6)开动油泵少许打油,千斤顶保持适量油压后稍松千斤顶吊索,调整千斤顶,使其对中。

(7)预应力张拉严格按照设计要求的张拉顺序和张拉控制吨位进行。混凝土达到 90% 设计强度以上时方可施加预应力;并且主梁钢束应与横梁钢束交错张拉。张拉时应遵循对称张拉的原则,先中后边,先长束后短束,先底板后顶板。

后张预应力筋当两端同时张拉时,两端千斤顶升降压、画线、测伸长、插垫等工作应基本一致。

①对力筋施加预应力之前,应对构件进行检验,外观和尺寸应符合质量标准要求。张拉时,构件的混凝土强度应符合设计要求,设计未规定时,不应低于设计强度等级值的 75%。

②预应力筋的张拉顺序应符合设计要求,当设计未规定时,可采取分批、分阶段对称张拉。

③应使用能张拉多根钢绞线或钢丝的千斤顶同时对每一钢束中的全部力筋施加应力,但对扁平管道中不多于 4 根的钢绞线除外。

④预应力筋张拉端的设置应符合设计要求,当设计无具体要求时,应符合下列规定:

a. 对曲线预应力筋或长度大于等于 25m 的直线预应力筋,宜在两端张拉;对长度小于 25m 的直线预应力筋,可在一端张拉。

b. 曲线配筋的精轧螺纹钢筋应在两端张拉,直线配筋的可在一端张拉。

c. 当同一截面中有多束一端张拉的预应力筋时,张拉端宜分别设置在构件的两端。预应力筋采用两端张拉时,可先在一端张拉锚固后,再在另一端补足预应力值进行锚固。

⑤预应力筋的张拉控制应力。预应力钢筋的张拉控制应力(σ_{con}),是指张拉钢筋进行锚固前,张拉千斤顶所指示的总拉力除以预应力钢筋截面积所求得的钢筋应力值。对于钢制锥

形锚具等有锚圈口摩阻力的锚具，σ_{con}应为扣除锚圈口摩擦损失后的锚下拉应力值，故《公路钢筋混凝土及预应力混凝土桥涵设计规范》(JTG D62—2004)特别指出，σ_{con}为张拉钢筋时锚下的控制应力。

从经济方面来说，张拉控制应力越高越好，这样，在构件抗裂性相同的情况下，可以减少用钢量；在预应力筋数量相同的情况下，可使混凝土中的预压应力增大。但是，σ_{con}值过高也将存在以下问题：

a. 可能引起钢丝束断丝。因为同一束中各根钢丝的应力不可能完全相同，其中少数钢丝的应力必然超过σ_{con}，如果σ_{con}值本身定得过高，个别钢丝就可能破断。另外，如果需要进行超张拉(即全束平均拉应力要比σ_{con}高5%～10%)，这种个别钢丝先被拉断的现象就可能更多一些。此外由于气温的降低，也可能使张拉后的预应力钢筋在与混凝土黏结之前突然断裂。

b. σ_{con}值越高，钢筋的应力松弛也越大。

c. σ_{con}值过高，预应力混凝土构件就没有足够的安全系数来防止混凝土的脆裂。

因此，预应力钢筋的张拉控制应力(σ_{con})不能定得过高，应留有适当的余地，一般宜在钢筋的比例极限之下。钢筋张拉控制应力的确定，还需要根据钢筋的不同品质而定，因此，《公路钢筋混凝土及预应力混凝土桥涵设计规范》(JTG D62—2004)第6.1.3条指出，预应力混凝土构件预应力钢筋的张拉控制应力值σ_{con}，应符合下列规定：

钢丝、钢绞线 $\sigma_{con} \leqslant 0.75 f_{Pk}$；

精轧螺纹钢筋 $\sigma_{con} \leqslant 0.90 f_{Pk}$。

式中，f_{Pk}为预应力钢筋抗拉强度标准值。

上述张拉控制应力，对后张法构件系指体内锚下钢筋应力。先张法和后张法构件在进行超张拉或计入锚圈口摩擦损失等任何情况下，钢筋中的最大控制应力(千斤顶油泵上反映的数值)对钢丝和钢绞线不应超过$0.80 f_{Pk}$，对精轧螺纹钢筋不应超过f_{Pk}。

后张预应力筋的张拉应符合设计要求，设计无规定时，其张拉程序可参照表5-2-2进行。

后张预应力筋的张拉程序 表5-2-2

预应力筋		张拉程序
钢筋、钢筋束		0→初应力→1.05σ_{con}(持荷2min)→σ_{con}(锚固)
钢绞线束	对于夹片式等具有自锚性能的锚具	普通松弛力筋：0→初应力→1.03σ_{con}(锚固) 低松弛力筋：0→初应力→σ_{con}(持荷2min锚固)
	其他锚具	0→初应力→σ_{con}(持荷2min)→σ_{con}(锚固)
钢丝束	对于夹片式等具有自锚性能的锚具	普通松弛力筋：0→初应力→1.03σ_{con}(锚固) 低松弛力筋：0→初应力→σ_{con}(持荷2min锚固)
	其他锚具	0→初应力→1.05σ_{con}(持荷2min)→0→σ_{con}(锚固)
精轧螺纹钢筋	直线配筋时	0→初应力→σ_{con}(持荷2min锚固)
	曲线配筋时	0→σ_{con}(持荷2min)→0(上述程序反复几次)→初应力→σ_{con}(持荷2min锚固)

注：①表中，σ_{con}为张拉时的控制应力，包括预应力损失值。

②两端同时张拉时，两端千斤顶升降压、画线、测伸长、插垫等工作应基本一致。

③梁的竖向预应力筋可一次张拉到控制应力，然后于持荷5min后测伸长和锚固。

④超张拉数值超过规定的最大超张拉应力限值时，应按规定的限值进行张拉。

⑥后张预应力筋断丝及滑移不得超过表 5-2-3 的控制数。

后张法预应力筋断丝、滑移限制 表 5-2-3

类　别	检 查 项 目	控 制 值
钢丝束、钢绞线束	每束钢丝断丝或滑丝	1 根
	每束钢绞线断丝或滑丝	1 丝
	每个断面断丝之和不超过该断面钢丝总数的	1%
单根钢筋	断筋和滑移	不容许

注:①钢绞线断丝系指单根钢绞线内钢丝的断丝。

②超过表列控制数时,原则上应更换;当不能更换时,在许可的条件下,可采取补救措施,如提高其他束预应力值,须满足设计上各阶段极限状态的要求。

⑦预应力筋在张拉控制应力达到稳定后方可锚固。预应力筋锚固后的外露长度不宜小于30mm,锚具应用封端混凝土保护。当需长期外露时,应采取防止锈蚀的措施。一般情况下,锚固完毕并经检验合格后即可切割端头多余的预应力筋,严禁用电弧焊切割,强调用砂轮机切割。

(8)将钢绞线理顺,严禁交叉,挤压。

(9)预应力束张拉时采用张拉控制应力与伸长量双控,即以张拉力控制为主,以伸长量进行校核。当实测引伸量与计算引伸量相差值超过 ±6% 时,应停止张拉并分析原因,对存在的问题进行彻底解决后方可进行张拉。

(10)预应力钢筋伸长值的计算与量测。《公路桥涵施工技术规范》(JTJ 041—2000)第12.8.3 条 2 规定:预应力筋采用应力控制方法张拉时,应以伸长值进行校核,实际伸长值与理论伸长值的差值应符合设计要求,设计无规定时,实际伸长值与理论伸长值的差值应控制在 ±6% 以内,否则应暂停张拉,待查明原因并采取措施予以调整后,方可继续张拉。

①预应力筋理论伸长值的计算公式。

先张法:

$$\Delta L = \frac{PL}{A_P E_P} \tag{5-2-1}$$

式中:P——预应力筋的张拉力(N);

L——预应力筋的长度(mm);

A_P——预应力筋的截面面积(mm^2);

E_P——预应力筋的弹性模量(N/mm^2)。

后张法:

$$\Delta L = \frac{P_P L}{A_P E_P} \tag{5-2-2}$$

式中:P_P——预应力筋的平均张拉力。直线筋取张拉端的张拉力;两端张拉的曲线筋按式(5-2-3)计算:

$$P_P = \frac{P(1 - e^{-(kx+\mu\theta)})}{kx + \mu\theta} \tag{5-2-3}$$

式中:P——预应力筋张拉端的张拉力(N);

x——从张拉端至计算截面的孔道长度(m);

θ——从张拉端至计算截面曲线孔道部分切线的夹角之和(rad);

μ——孔道每米局部偏差对摩擦的影响系数,参见表5-2-4;

k——预应力筋与孔道壁的摩擦系数,参见表5-2-4。

系数 k 及 μ 值表 表5-2-4

孔道成型方式	k	μ 值		
		钢丝束、钢绞线、光面钢筋	带肋钢筋	精轧螺纹钢筋
预埋铁皮管道	0.003 0	0.35	0.40	—
抽芯成形孔道	0.001 5	0.55	0.60	—
预埋金属螺旋管道	0.001 5	0.20~0.25	—	0.50

②实际伸长量的测量。预应力筋张拉时,应先调整到初应力 σ_0。该初应力宜为张拉控制应力 σ_{con} 的10%~15%,伸长值应从初应力时开始量测。力筋的实际伸长量为量测的伸长值与初应力时的推算伸长值之和。对后张法构件,在张拉过程中产生的弹性压缩值一般可省略。

预应力筋张拉的实际伸长值 ΔL(mm),可按式(5-2-4)计算:

$$\Delta L = \Delta L_1 + \Delta L_2 \tag{5-2-4}$$

式中:ΔL_1——从初应力至最大张拉应力间的实测伸长值(mm);

ΔL_2——初应力以下的推算伸长值(mm),可采用相邻级的伸长值。

关于初应力以下的推算伸长值,由于在最初张拉时各根预应力钢筋的松紧弯曲程度不一致,在初应力以下拉伸过程中,既有弹性伸长,也有非弹性伸长,所以不宜采用量测的方法,而宜采用推算的方法。推算时,应以实际伸长值与实测应力之间的关系线为依据,也可采用相邻级的伸长值。

预应力钢筋的实际伸长值与理论计算伸长值之间有一定的误差,究其原因,主要有:预应力钢筋的实际弹性模量与计算时的取值不一致;千斤顶的拉力不准确;孔道的摩擦损失计算与实际不符;量测误差等。特别是弹性模量的取值是否正确,对伸长值的计算影响较大。必要时,预应力钢筋的弹性模量、锚圈口及孔道摩阻损失应通过试验测定,计算时予以调整。

a. 张拉前先用挤压机将固定端的钢束挤压锚固,在另一端进行单端张拉。张拉时由专人指挥,操作要规范,严格按照张拉程序对称分级张拉,达到初应力后停拉,记录张拉缸行程作为测算实际伸长值的起点值。

b. 张拉缸继续进油,分级张拉,达到张拉力后持荷2min,核对伸长值与理论伸长值,当在±6%范围内即符合规范要求,否则应停止张拉分析原因,采取措施后再张拉。

c. 达到张拉力而且持荷2min后,经核实,实际伸长量与理论伸长量在规范规定的范围即6%时,即可进行锚固。千斤顶张拉缸回油即可锚固。

d. 当钢束的伸长值大于千斤顶行程时,须分数次张拉,当接近千斤顶行程时即进行锚固,重复前述张拉步骤,直至达到张拉力后锚固。

e. 张拉缸全部回零卸除工具锚,千斤顶全部回零卸除工具锚,检查回缩值,并画线做标志,填写施工原始记录。

三、安全张拉的要求

(1)张拉现场应有明显警告标志,严禁非张拉工作人员接近。张拉端设有安全防护措施,张拉千斤顶对面严禁站人,以防意外。

(2)张拉操作人员,由熟悉本专业的人员参加,培训合格者方可上岗,并有技术熟练的人员负责指挥。锚固后,严禁摸、踏、撞击钢绞线或卡片,以免滑丝。

(3)工具锚、工作锚的卡片要分别标示、存放和使用。

(4)拆卸油管时,先松开解压阀,以免油压喷出伤人。

(5)在张拉过程中须密切观察张拉情况,是否有钢绞线断丝、滑丝情况,并注意千斤顶、张拉油表的工作情况,一旦发现异常应马上停止张拉,分析原因,待排除故障后方能继续张拉。张拉完毕后用手提式砂轮切割机切割钢绞线。

四、压浆操作程序

(1)吹净孔道并疏通孔道。

(2)检测水泥浆的强度、泌水率和膨胀率、稠度。

(3)安装阀门,检查排气孔、压浆孔。

(4)压浆时,应从最低点的压浆孔道压入,由最高点的排气孔排气和泌水。压浆时应缓慢、均匀地进行,不得中断,并将所有最高点的排气孔依次打开和关闭,使孔道内排气畅通。

(5)每束孔道从较低的一端压浆,水泥浆自进浆口压入,直到通气孔压出稠浆后,关闭出浆口再继续压浆,压浆的压力为0.5~0.7MPa,保持3~5min,使水泥浆完全填充管道空隙。水泥浆的水灰比为0.4~0.45;水泥浆的浆体流动度为14~18s。

(6)压浆时,每一工作班应留取不少于3组试样,标准养生28d,检查其抗压强度作为水泥浆质量评定的依据。

(7)每次压浆完毕后应立即对机具、阀门进行冲洗。

(8)压浆后先将锚具周围冲洗干净并对周围混凝土凿毛,然后设置钢筋网浇筑封锚混凝土,封锚混凝土为C50。

(9)后张法检测项目见表5-2-5。

后张法质量检测表

表5-2-5

项次	检查项目		规定值或允许偏差	检查方法
1	管道坐标(mm)	梁长方向	30	抽查30%,每根10点
		梁高方向	10	
2	管道间距(mm)	同排	10	抽查30%,每根5点
		上下层	10	
3	张拉应力值		符合设计要求	查记录
4	张拉伸长率%		±6	查记录
5	断丝、滑丝数	钢束	每束1根,每断面不超过钢丝总数的1%	查记录
		钢筋	不允许	

(10)现浇箱梁检测项目见表5-2-6。

现浇箱梁质量检测表

表5-2-6

项次	检查项目	规定值或允许偏差	检查方法和频率
1	混凝土强度(MPa)	合格标准内	按《公路工程质量检验评定标准(土建工程)》(JTG F80/1—2004)附录检查
2	轴线偏位(mm)	10	经纬仪每跨5处
3	顶面高程(mm)	±10	水准仪每跨5处

续上表

项次	检查项目		规定值或允许偏差	检查方法和频率
4	断面尺寸(mm)	高度	+5,-10	每跨用尺量5个断面
		顶宽	±30	
		顶底腹板厚	±10	
5	长度(mm)		+0,-10	用尺量
6	平整度(mm)		8	2m直尺检查

5.2.7 落 架

本工程的碗扣式支架采用支架上的顶托丝杠进行落架,落架的程序:自跨中开始向墩台方向依次循环落架。在纵向应对称跨中中心均衡卸落,在横向应同时卸落。卸落量开始宜小,以后逐渐增大。至少分三次卸完,不使主梁发生局部受力状态。

落架时要统一指挥,统一行动,每次落架过程都要仔细认真地进行,以达到均衡、同步的目的。

实战演练 对满堂支架现浇全过程进行施工论述,提交一份施工论文。

任务5.3 节段浇筑施工

19世纪中期以前,各种桥梁均采用有支架的施工法。有支架施工是在桥跨位置架设支架,在支架上拼装钢梁或浇筑混凝土主梁,整个施工过程处于无应力状态。虽然有支架施工最为简单可靠,但这使桥梁的跨越能力受到很大限制。随着科学技术的发展,桥梁跨度不断增大,尤其对跨越大江、大河和深沟的桥梁,若仍然采用有支架的施工方法,将变得非常困难,甚至是不可能的。

随着桥梁事业的发展,尤其近年来节段浇筑施工法在国内外大跨径预应力混凝土桥梁中得到广泛采用。据资料统计,1952年以来国内外100m以上大跨径桥梁中,采用节段浇筑法施工占80%左右,采用悬臂拼装法施工占20%左右。节段浇筑施工法的广泛采用,使得混凝土桥梁(如T形刚构、连续梁、连续刚构桥、大跨度钢筋混凝土拱桥、预应力混凝土斜拉桥)的修建以及桥梁的跨径都得到了较大的发展。节段浇筑施工适合于梁的上翼缘承受拉应力的桥梁形式,因为节段浇筑施工的受力与桥梁建成后受力较接近。一般采用平衡节段浇筑施工,如图5-3-1。

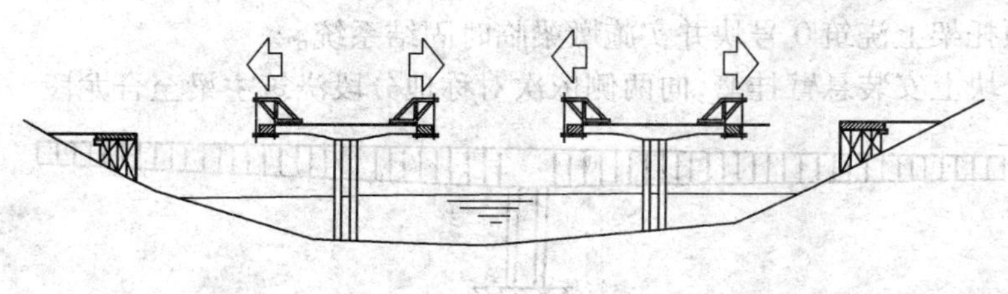

图5-3-1 节段平衡浇筑施工

节段浇筑施工法也称为悬臂浇筑施工法。悬臂施工法是在施工中桥墩和梁固结,施工中桥墩要承受不对称弯矩,由两个相邻的桥墩同时向两侧分段进行,直到跨中合龙,各节段用预应力紧密连成整体。其施工特点是桥下不需要搭设支架,对在深水、大跨、通航、峡谷、高墩的条件下建桥是最优的施工方案。

悬臂浇筑(简称悬浇)采用移动式挂篮作为主要施工设备,以桥墩为中心,对称向两岸利用挂篮浇筑梁段混凝土,待混凝土达到要求强度后,张拉预应力束,再移动挂篮,进行下一节段的施工。划分节段长度时应充分考虑梁段混凝土重、挂篮重、平衡配重以及施工荷载产生的内力,故每个节段长度一般为 3 ~4m ,特大桥也不超过 6m,节段过长,将增加混凝土自重及挂篮结构重力,同时还要增加平衡重及挂篮后锚设施;节段过短,影响施工进度。因主梁是变截面,故节段长度自墩顶附近至跨中是逐渐增长的。

5.3.1 悬臂浇筑施工程序

悬臂浇筑施工程序见图 5-3-2。

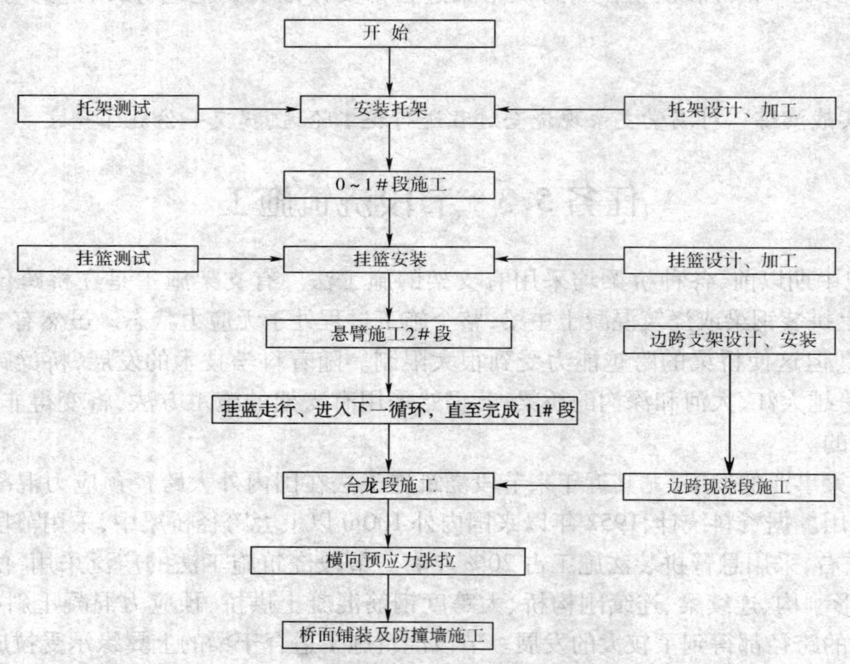

图 5-3-2 悬臂浇筑施工工艺框图

施工程序一般如下:

(1)在墩顶托架上浇筑 0 号块并实施墩梁临时固结系统。

(2)在 0 号块上安装悬臂挂篮,向两侧依次对称地分段浇筑主梁至合龙段。如图 5-3-3。

图 5-3-3 悬臂浇筑分段示意图

(3)在临时支架或梁端与边墩间临时托架上支模板浇筑现浇梁段。当现浇梁段较短时，可利用挂篮浇筑；当与现浇相接的连接桥是采用顶推施工时，可将现浇梁段锚固在顶推梁前端施工，并顶推到位。此法不需要支撑，省料省工。

(4)主梁合龙段可在改装的简支挂篮托架上浇筑。多跨合龙段浇筑顺序按设计或施工要求进行。

5.3.2 悬臂梁段0号块施工

0号块结构复杂，预埋件、钢筋、各向预应力钢束及其孔道、锚具密集交错，梁面有纵横塌度，端面与待浇段密切相连，务必精心施工。视其结构形式及高度，一般分2～3层浇筑，先肩板，再腹板，后顶板。

1. 施工托架

采用悬臂浇筑法施工时，墩顶0号块梁段采用在托架上立模现浇，并在施工过程中设置临时梁墩锚固的方法，使0号块梁段能承受两侧悬臂施工时产生的不平衡力矩。施工托架可根据承台形式、墩身高度和地形情况，分别支承在承台、墩身或地面上。它们可采用万能杆件、贝雷桁架(或装配式公路钢桁架)，六四军用桁架及型钢等组成，也可采用钢筋混凝土构件做临时支撑。常用施工托架有扇形托架(图5-3-4)、高墩托架(图5-3-5)、临时墩及型钢结构支承

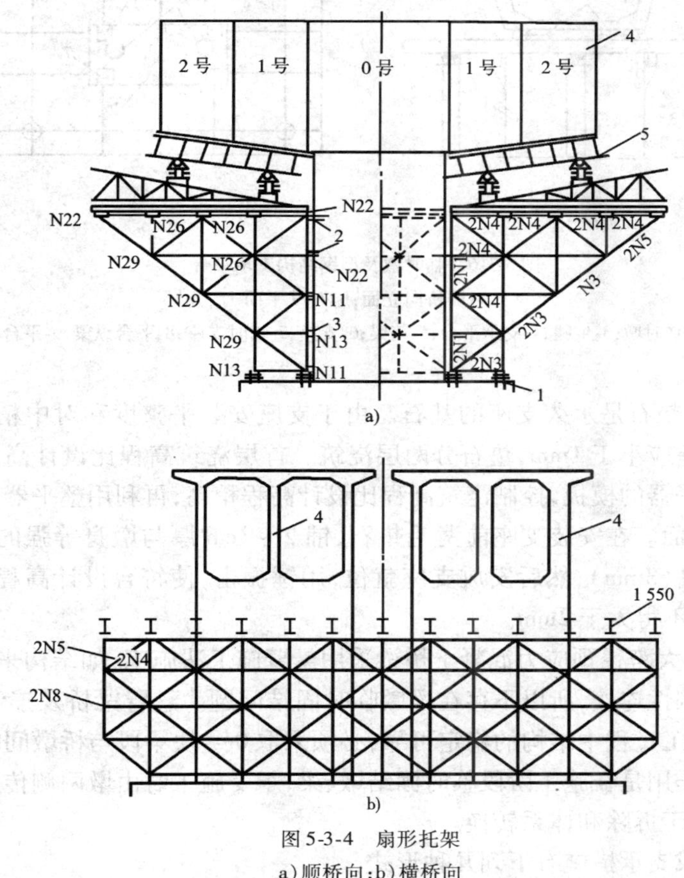

图5-3-4 扇形托架

a)顺桥向；b)横桥向

1-ϕ18 预埋螺栓；2-预埋钢筋；3-硬木；4-箱梁；5-底模垫梁(mm)

平台(图 5-3-6)等。托架的顶面尺寸,视拼装挂篮的需要和拟浇梁段的长度而定,横桥间的宽度一般应比箱梁底板宽出 1.5 ~2.0m,以便设立箱梁边肋的外侧模板。托架顶面(或增设垫梁)应与箱梁底面纵向线形的变化一致。托架可在现场整体拼装,亦可分布在邻近场地或船上拼装,再运吊就位整体组装。托架总长度视拼装挂篮的需要而决定。横桥托架宽度要考虑箱梁外侧主模的要求。托架顶面应与箱梁底面纵向线形一致。

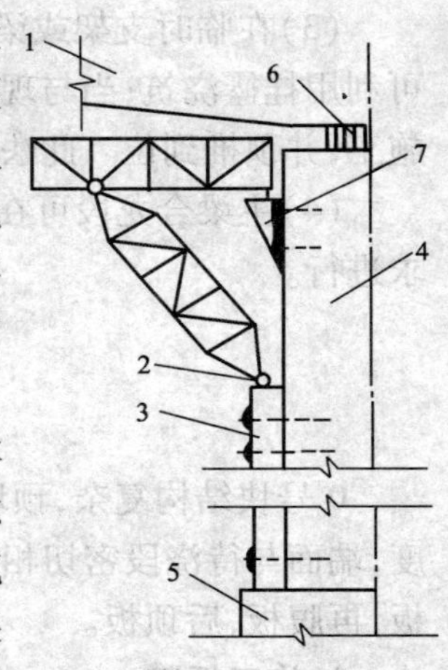

图 5-3-5 高墩托架

1-箱梁;2-圆柱形铰;3-承托槽钢;4-墩身;5-承台;6-支座;7-预埋牛腿

由于考虑到在托架上浇筑梁段 0 号块混凝土,托架变形对梁体质量影响很大,在作托架设计时,除考虑托架强度要求外,还应考虑托架的刚度和整体性。由于托架弹性、杆件连接处有缝隙、地基有沉降等因素影响,可能使托架下沉,引起混凝土梁段出现裂缝,因此,采用万能杆件、贝雷梁、板梁、型钢等做托架时,在混凝土浇筑以前,可采取预压、抛高或调整等措施,以减少托架变形,并检验托架是否安全。上海吴淞大桥采用扇形钢筋混凝土立柱做托架支撑于承台上,并设置竖向预应力索做梁墩临时锚固用,减少了拖架变形。

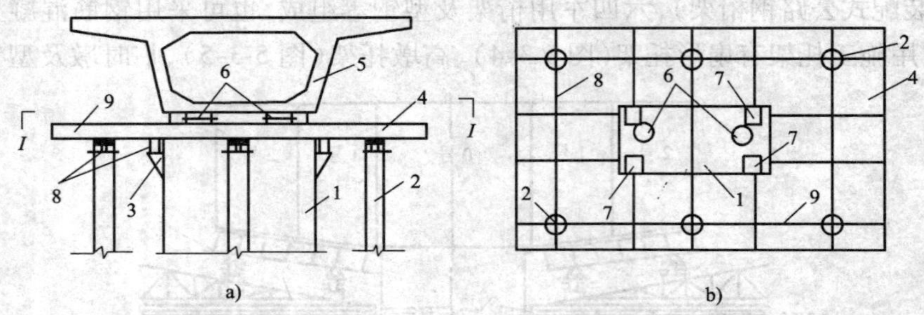

图 5-3-6 临时墩及型钢结构支承平台

a)顺桥向立面;b)I—I 平面

1-墩柱;2-临时墩;3-牛腿;4-支承平台;5-箱梁;6-支座;7-临时支座;8-平台纵梁;9-平台横梁

2. 支座

(1)支座垫石。垫石是永久支座的基石。由于支座安装平整度和对中精度要求高,因此垫石四角及平面高差应小于 1mm,垫石分两层浇筑。首层浇筑高程比设计高程低 15cm,第二层应利用带微调整平器的模板,控制浇筑高程比设计高程稍高,再利用整平器及精密水准仪量测,反复整平混凝土面。在安装支座前凿毛垫石,铺 2 ~3cm 厚与墩身等强的砂浆,砂浆浇筑高程较设计高程略高(3mm),然后安放支座就位,用锤振击,使符合设计高程,偏差不得大于 1mm;水平位置偏差不得大于 2mm。

(2)临时支座。大跨径预应力混凝土桥梁采用悬臂施工法施工,如结构采用 T 形刚构,因墩身与梁本身采用刚性连接,所以不存在梁墩临时固结问题。悬臂梁桥及连续梁桥采用悬臂施工法时,为保证施工过程中结构的稳定可靠,必须采取 0 号块梁段与桥墩间临时固结或支承措施。临时支座的作用是在施工阶段临时固结墩、梁,承受施工时由墩两侧传来的悬浇梁段荷载,在梁体合龙后便于拆除和体系转换。

临时固结措施或支承措施有下列几种形式:

①临时支座一般采用 C40 混凝土,并用塑料包裹的锚固钢筋穿过混凝土预埋梁底和墩顶

中,其布置见图 5-3-7。

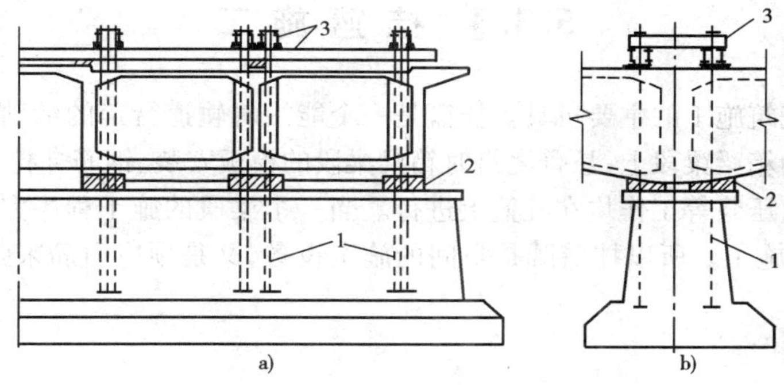

图 5-3-7　0 号块与桥墩的临时固结

1-预埋临时锚固用预应力筋;2-支座;3-工字钢

②在桥墩一侧或两侧加临时支承或支墩,见图 5-3-8。

③将 0 号块梁段临时支承在扇形或门式托架的两侧。

④临时支承可用 10 ~ 20cm 厚夹有电阻丝的硫磺砂浆层、沙筒或混凝土块等卸落设备,以便体系转换时,较方便地解除临时支承,见图 5-3-8。

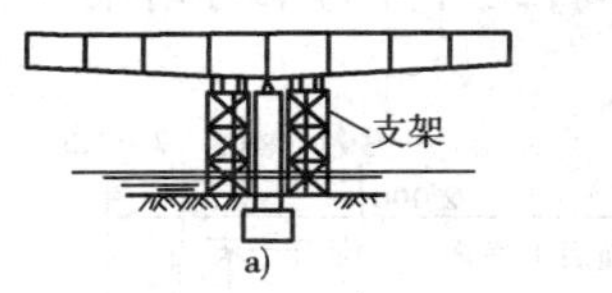

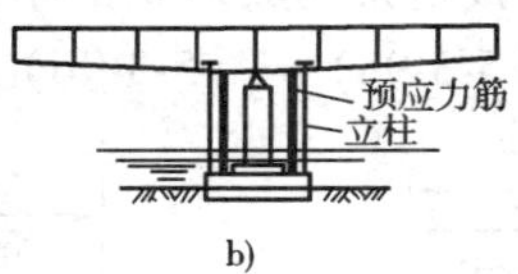

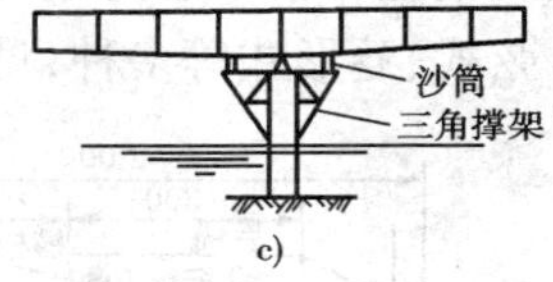

图 5-3-8　临时支承措施

3. 0 号块模板和支架

模板和支架是 0 号块施工的关键,其设计、施工的主要技术要求是:

(1)应有足够的刚度和强度。

(2)准确计算在浇筑过程中结构的弹性变形和非弹性变形。

(3)施工偏差和定位要求应符合有关规范的规定。

(4)便于操作,确保施工质量。

当墩身较低时,可采用在扇形托架或临时墩及型钢结构支承平台(见图 5-3-6 和图 5-3-7 等)顶面上立模板、搭支架,浇筑 0 号块混凝土;当墩身较高时,可采用在高墩托架(图 5-3-5)顶面上立模板、搭支架,浇筑 0 号块混凝土。也可由墩顶放置的型钢和墩身预埋的牛腿做贝雷梁的支承,形成 0 号块的施工托架,在托架上立模板、搭支架,浇筑混凝土。

4. 预应力管道的设置

为确保预应力筋布置、穿管、张拉、灌浆的施工质量,必须确保预应力管道的质量,一般采用预埋铁皮管或铁皮波纹管和橡胶抽拔管。三向预应力筋管孔铁皮管和波纹管需由专用设备加工卷制,孔径按设计要求而定,橡胶抽拔管管壁用多层橡胶夹布在专业厂家制作,宜在混凝土浇筑 150 ~ 200℃ · h(混凝土全部埋设胶管时间与平均温度的乘积)内抽拔。抽拔时用尼龙绳锁住外露胶管,启动卷扬机拖拔,视设置管的长度和阻力一次可抽拔 5 ~ 8 根。为避免抽拔时塌孔,宜将波纹管与胶管相间布置,采用架立钢筋固定管道的坐标位置。浇筑后的铁皮管和抽拔管后的管道,必须用小于内径 10mm 的梭形钢锤清孔,以便清除异物、补救塌孔,保证力筋穿孔畅通。

5.3.3 挂 篮 施 工

挂篮是悬臂浇筑施工的主要机具。挂篮是一个能沿着轨道行走的活动脚手架，挂篮悬挂在已经张拉锚固的箱梁梁段上，悬臂浇筑时箱梁梁段的模板安装、钢筋绑扎、管道安装、混凝土浇筑、预应力张拉、压浆等工作均在挂篮上进行。当一个梁段的施工程序完成后，挂篮解除后锚，移向下一梁段施工。所以挂篮既是空间的施工设备，又是预应力筋未张拉前梁段的承重结构。

一、挂篮形式

1. 挂篮分类

作为施工梁段的承重结构，同时又是施工梁段的作业现场，随着施工技术的不断改进，挂篮已由过去的压重平衡式发展成现在通用的自锚平衡式。自锚式施工挂篮结构的形式主要有桁架式、斜拉式两类。

桁架式挂篮按其构成部件的不同，可分为万能杆件挂篮、贝雷梁或装配式公路钢桁梁组合式和挂篮、型钢组合桁架组合式等。按桁架构成形状的不同，又可分为平行桁架式、平弦无平衡重式、弓弦式、菱形式等多种，见图 5-3-9a）~图 5-3-9d）。

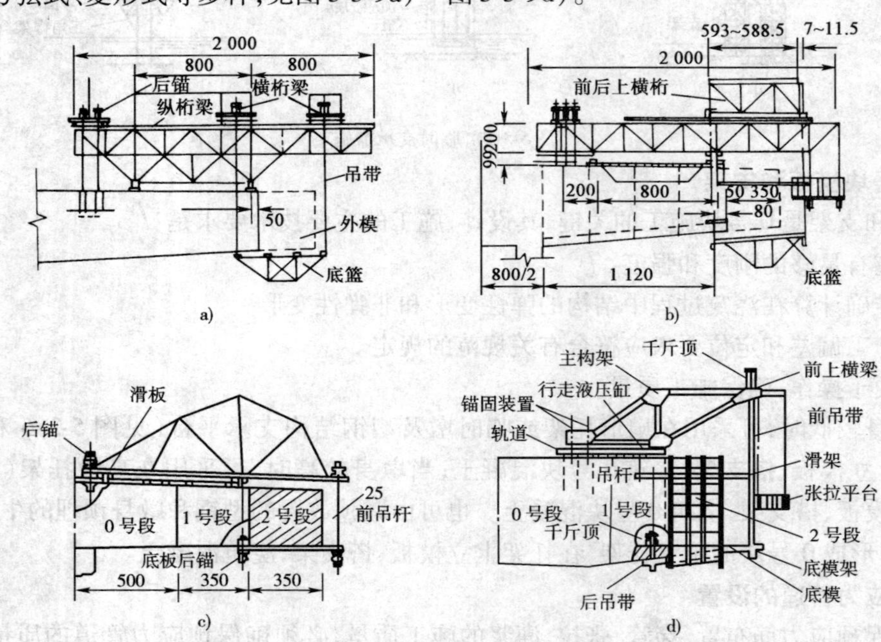

图 5-3-9 常用桁架式挂篮类型图（尺寸单位：cm）

a）平行桁架式挂篮；b）平弦无平衡重式挂篮；c）弓弦式挂篮；d）菱形挂篮

2. 挂篮的主要构造

挂篮主要构造见图 5-3-10。

（1）主纵桁梁。主纵桁梁是挂篮悬臂承重结构，可由万能杆件或贝雷桁架（或装配式公路钢桁架）组拼或采用钢板或大号型钢加工而成。

（2）行走系统。行走系统包括支腿和滑道及拖移收紧设备。采用电动卷扬机牵引，通过

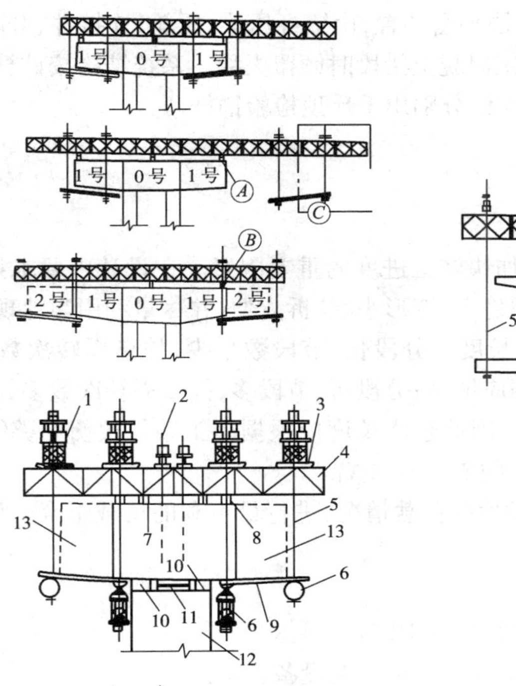

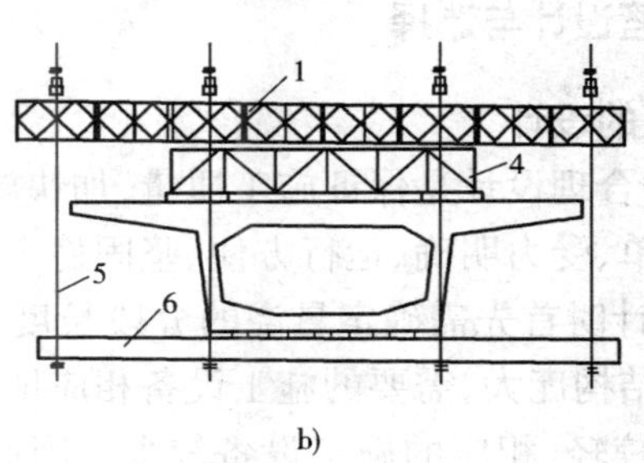

图 5-3-10　挂篮纵横桁梁系布置图

a）挂篮施工纵断面；b）挂篮施工正面

1-主横桁梁；2-后锚点；3-行走滑板；4-主纵桁梁；5-吊杆；6-底篮横梁（钢管）；7-后支点；8-前支点；9-底模；10-临时固定支座；11-永久支座；12-桥墩；13-待浇梁段

圆棒滚动或在铺设的上、下滑道上移动。滑道要求平整光滑，摩阻力小，拆装方便，能反复使用。目前大多采用上滑道覆一层不锈钢薄板，下滑道用槽钢，内设聚四氟乙烯板，行走方便、安全，稳定性好。

（3）底篮。底篮由下横桁梁和底模纵梁及吊杆（吊带）组成，直接承受悬浇梁段的施工重力，可供立模板、绑扎钢筋、浇筑混凝土、养生等工序用。横梁可用万能杆件或贝雷桁架或型钢、钢管构成（图 5-3-11），底模纵梁用多根 24～30 号槽钢或工字钢组成；吊杆一般可用 2mm 的精轧螺纹钢筋或 16Mn 钢带组成。

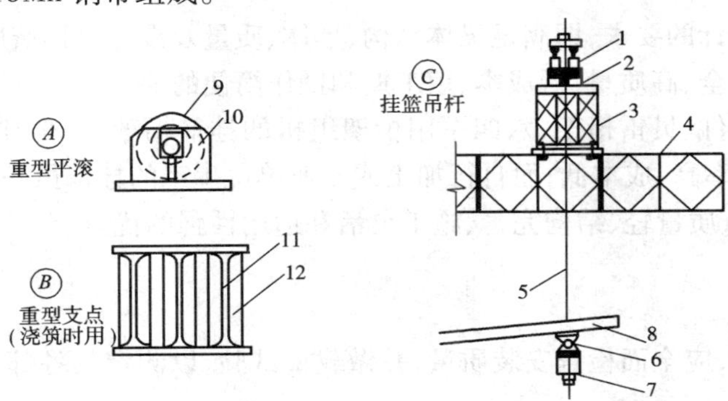

图 5-3-11　挂篮接长和移动示意图

1-千斤顶；2-型钢横梁；3-组合贝雷（型钢）横桁梁；4-组合贝雷纵桁梁；5-挂篮吊杆；6-底篮模架活动铰；7-吊杆底端横梁；8-底篮纵梁；9-钢滚筒；10-滚筒支架；11-工字钢；12-加劲板

(4)后锚系统。后锚是主纵桁梁自锚平衡装置，由锚杆压梁、压轮、连接件、升降千斤顶等组成，目的是防止挂篮在行走状态及浇筑混凝土梁段时倾覆失稳。系统结构按计算确定，混凝土浇筑前，应按设计锚力的0.6、1.0、1.5倍分别用千斤顶检验锚杆。

二、挂篮设计与选择

1. 挂篮的设计

挂篮的合理设计是保证施工质量、加快施工进度的重要因素。在设计中要求挂篮的质量小、结构简单、受力明确、运行方便、坚固稳定、变形小、装拆方便，并尽量利用当地现有构件。

(1)设计时首先需确定悬浇的分段长度。分段长，节段数量少，挂篮周转次数少，施工速度加快，但结构庞大，需要的施工设备相应增多；分段短，节段多，挂篮周转次数多，施工速度较慢，但结构较轻，相应的施工设备较少。因此悬浇长度应根据施工条件权衡利弊综合考虑确定。我国近来修建T构的分段长度一般约3~5m左右。

(2)设计时，应考虑各项实际可能发生的荷载情况，进行最不利的荷载组合。设计荷载大体有以下几种：

①挂篮自重；

②模板支架自重(包括侧模、内模、底模和端模等)；

③振动器自重和振动力，千斤顶和油泵及其他有关设备自重；

④施工人群荷载；

⑤最大节段混凝土自重等。

(3)挂篮横断面布置，一般取决于桥梁宽度和箱梁横断面形式，当桥梁横断面为单箱时，全断面用一个挂篮施工；当桥梁横断面为双箱时，一般采用两个挂篮分别施工，最后在桥面板处用现浇混凝土连接；有时为了加速施工，如上海市金山大桥，采用大型宽体桁架式挂篮，双箱一次浇筑施工。

(4)验算挂篮的抗倾覆稳定性能，确定结构整体的图式和尺寸以及后锚点的锚力等。选择挂篮形式主要考虑结构简单、自重轻、受力明确、变形较小、行走安全、装拆方便等方面因素。在一般情况下，尽量选择本单位现有设备，达到保证施工质量、加速施工进度、投资较省的目的。

2. 挂篮的选择

(1)满足梁段设计的要求，即满足梁体结构、形体、质量及设计对挂篮质量的要求。

(2)满足施工安全、高质量、低成本、短工期和操作简便的要求。

(3)采用万能杆件、贝雷桁架、六四军用桁架组拼的挂篮桁架，一般比型钢加工制作的挂篮成型快、设备利用率高、成本低；而自行加工或专业单位生产的挂篮虽一次性投入成本大，但常有节点少、变形小、质量轻、结构完善、施工灵活和适用性强的优点。

三、挂篮的安装

(1)挂篮组拼后，应全面检查安装质量，并做载重试验，以测定其各部位的变形量，并设法消除其永久变形。

(2)在起步长度内梁段浇筑完成并获得要求的强度后，在墩顶拼装挂篮。有条件时，应在地面上先进行试拼装，以便在墩顶熟练有序地开展挂篮拼装工作。拼装时应对称进行。

(3)挂篮的操作平台下应设置安全网，防止物件坠落，以确保施工安全。挂篮应呈全封闭形式，四周设围护，上下应有专用扶梯，方便施工人员上下挂篮。

(4)挂篮行走时，须在挂篮尾部压平衡重，以防倾覆。浇筑混凝土梁段时，必须在挂篮尾部将挂篮与梁进行锚固。

四、挂篮试压

为了检验挂篮的性能和安全，并消除结构的非弹性变形，应对挂篮试压。试压通常采用试验台加压法、水箱加压法等。

1.试验台加压法

新加工的挂篮可用试验台加压法检测桁架受力性能和状况。试验台可利用桥台或承台和在岸边梁中预埋的拉力筋锚住主桁梁后端，前端按最大荷载计算值施力，并记录千斤顶逐级加压变化情况，测出挂篮弹性变形和非弹性变形参数，用做控制悬浇高程的依据，见图5-3-12。

2.水箱加压法

对就位待浇混凝土的挂篮，可用水箱试压法检查挂篮的性能和状况。加压的水箱一般设于前吊点处，后吊杆穿过紧靠墩顶梁段边的底篮和纵桁梁，锚固于横桁梁上，或穿过已浇箱梁中的预留孔，锚于梁体，在后吊杆的上端装设带压力表的千斤顶，反压挂篮上横桁梁，计算前后施加力后，分级分别进行灌水和顶压，记录全过程挂篮变化情况即可求得控制数据，见图5-3-13。

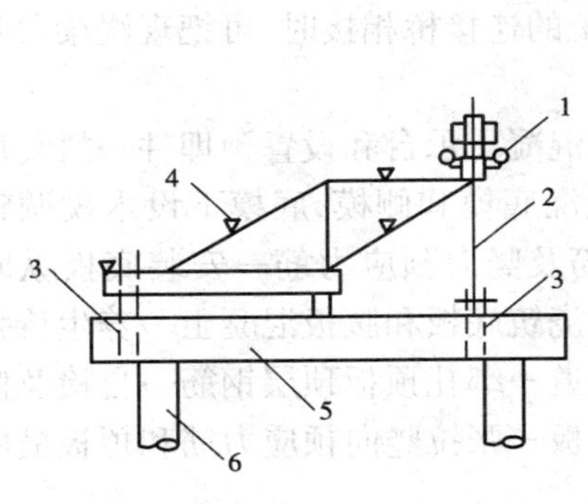

图5-3-12　菱形挂篮试验台试压示意图
1-压力表千斤顶；2-拉杆；3-预埋钢筋；4-观测点；5-承台；6-桩

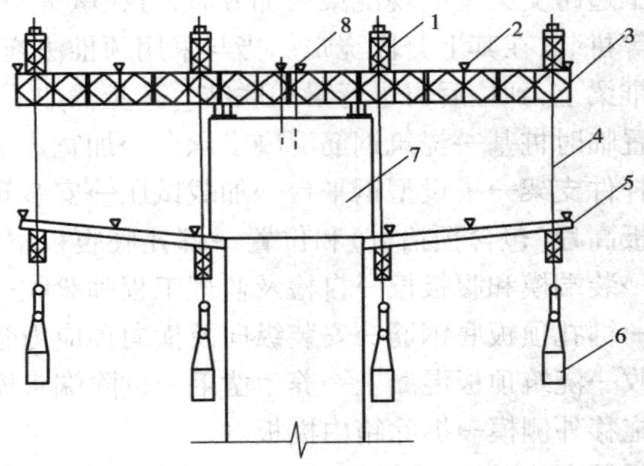

图5-3-13　挂篮水箱法试压示意图
1-横桁梁；2-观测点；3-纵桁梁；4-吊杆；5-底篮；6-水箱；7-墩顶梁段；8-后锚固

五、浇筑混凝土时消除挂篮变形的措施

每个悬浇段的混凝土一般可二次或三次浇筑完成(混凝土数量少的也可采用一次浇筑完成)，为了使后浇混凝土不引起先浇混凝土的开裂，需要消除后浇混凝土引起挂篮的变形。一般可采取如下的几种措施。

1.箱梁混凝土一次浇筑法

箱梁混凝土的浇筑采用一次浇筑，并在底板混凝土凝固前全部浇筑完毕。也就是要求挂篮的变形全部发生在混凝土塑性状态之间，避免裂纹的产生。但需在浇筑混凝土前预留准确的下沉量。

2.水箱法

水箱法的布置参见图5-3-13。浇筑混凝土前先在水箱中注入相当于混凝土重量的水，在混凝土浇筑过程中，逐步放水使挂篮的负荷和挠度基本不变。

3. 抬高挂篮的后支点法

浇筑混凝土前将模板前端设计高程抬高 10 ~ 30mm，预留第一次浇筑混凝土的下沉量，同时用螺旋式千斤顶顶起挂篮后支点，使之高于滑道或钢轨顶面(一般顶高约 20 ~ 30mm)。在浇筑第一次混凝土时千斤顶不动，浇筑混凝土重量使挂篮的下沉量与模板的抬高量相抵消。在浇筑第二次混凝土时，将千斤顶分次下降，并随即收紧后锚系的螺栓，使挂篮后支点逐步贴近滑道面或轨道面。随着后支点的下降，以前支点为轴的挂篮前端必然上升一数值，此数值应正好与第二次混凝土重量使挂篮所产生的挠度相抵消，保证箱梁模板不发生下沉变形。此法需用设备很少，较水箱法简单，但需顶起量合适。顶起量应由实测确定。

斜拉式挂篮因其总变形小，一般可在浇筑混凝土前预留下沉量，不必在浇筑过程中进行调整。也可试用某桥的施工实践，挂篮底模承重横梁采用直径 1 ~ 1.2m 加劲钢管，管内与水泵及卸水管连通，使加卸载控制灵活。在梁段混凝土浇筑过程中，逐渐卸水，保持挂篮的负荷和挠度基本不变。

5.3.4 支架现浇梁段施工

施工边跨支架上的现浇梁段部分时，可在墩旁搭设临时墩支承平台，一般采用万能杆件、贝雷架等拼装，在其上分段浇筑。当与采用顶推法施工的连接桥相接时，可把现浇梁段临时固结在顶推梁上，到位后再进行梁的联结。其步骤如下：

设置临时桩基→浇筑钢筋混凝土承台→加宽边墩混凝土承台和设置预埋件→拼装扇形全幅万能杆件支架→搭设型钢平台→加载试压→安装现浇底模和侧模，底模下设木楔调整块→测量底板高程(包含预抬量)和位置→绑扎底腹板钢筋及竖向预应力筋→安装底板纵向预应力管道→装端模和腹板模→自检及监理工程师验收→浇筑底板和腹板混凝土→养生待强→装内顶模→绑扎顶板底钢筋→安装纵向及横向预应力管道→绑扎顶板顶层钢筋→自检及监理工程师验收→浇筑顶板混凝土→养生凿毛→拆除端头模板→张拉竖向预应力筋和顶板横向预应力筋→拖移外侧模→拆除箱内模板。

在桥梁合龙时，现浇梁段经预压后支架的变形已相对稳定，但悬臂端因受气候影响，在三个方向均可能产生较大变形。所以，在预应力筋张拉之前，尤其是混凝土浇筑初期，这些变形可能导致合龙段混凝土开裂，施工工艺应保证合龙段适应这些变形，避免裂缝出现。跟踪观测要点包括：

①选择日间悬臂高程最高时(一般在一日的清晨)用支撑撑住悬臂端使其不能上翘(楔紧支撑时间是在高程最高时)，也不能下挠(有支撑撑住)，这样既避免了竖向相对位移又无需庞大的压重，支撑后再连续观测二日，确认稳定后再进行其余工序。

②端部现浇段的支架下装滚轴，使其能纵向移动，再在合龙段设二片由型钢组成的桁架，构成刚性支承以抵抗悬臂端伸长变形产生的压应力。

③支承桁架于合龙前一日清晨焊接完毕。

④按开始进入日低温稳定区时混凝土初凝的原则确定混凝土开盘时间。

⑤混凝土浇筑的次日，温度回落前，张拉部分顶板和底板预应力筋，使合龙段混凝土受到与其强度发展相适应的预压应力，以抵抗次日降温收缩应力。抵抗降温拉应力的力筋不在混凝土浇筑前而在浇筑次日温度回落前张拉。

⑥混凝土强度达到设计强度80%时,再张拉与边跨合龙段体系转换相应的预应力筋。

5.3.5 合龙段施工及体系转换

节段施工桥梁的竣工合龙标志桥梁的主体结构施工即将结束,同时也是大桥施工的关键环节。无论是对于悬臂施工的连续梁桥、连续刚构桥、斜拉桥还是节段吊装的拱桥,合龙质量往往是大桥建设成败的标志。

1. 连续刚构桥合龙的重要性

连续刚构桥的合龙工艺复杂,工序繁多,施工难度大,技术和质量要求高。

首先,合龙施工工艺繁杂。合龙时的工序大致包括:劲性钢骨架的预埋、水箱配重的设置、合龙温度的选择、待合龙的两悬臂端的顶开、劲性钢骨架的焊接、临时束的张拉、混凝土的浇筑与振捣、浇筑混凝土时配重的释放以及其后预应力束的张拉等。可见合龙段的施工明显比其他悬臂节段的施工复杂、繁琐。

其次,一般情况下桥梁在合龙施工时的受力状态最为不利。对于分节段吊装的拱桥,合龙时拱肋的自由拱段最长,稳定性最差;对于悬臂施工的梁桥,合龙时其悬臂最长,悬臂根部应力最大。大桥在合龙后将发生体系转变而形成整体,合龙前其受力性能和稳定性能在整个桥梁施工阶段可谓最不利状态。因此,一般情况下,桥梁合龙阶段是一个相对比较危险的阶段。

再次,合龙工艺质量要求较高。如果待合龙段两悬臂端的高差控制得不好,不仅会使桥梁线形不平顺,影响其美观,而且也会给劲性骨架的焊接造成困难,而强行合龙对结构的内力影响很大。此外,对劲性钢骨架的构造、埋设位置的精确性,配重的吨位和位置、千斤顶的顶开吨位或顶开量、劲性骨架的焊接、临时束的张拉吨位、混凝土的振捣质量、配重的释放等都有严格规定,这是确保桥梁合龙质量的重要条件。

连续刚构桥的合龙分中跨合龙和边跨合龙。中跨为两个悬臂梁的合龙,立面图见图5-3-14,此图未示意用于顶开的千斤顶位置(因为其被劲性骨架遮住);边跨为一个悬臂梁和一个支架现浇段的合龙,立面图见图5-3-15。

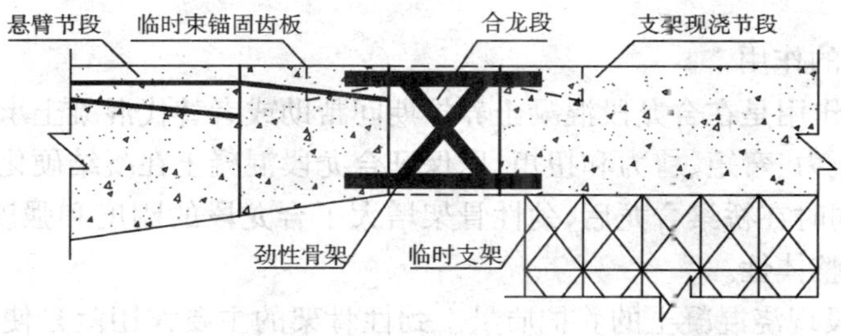

图5-3-14 中跨合龙段立面图

一般情况下,设计上的中跨合龙段和边跨合龙段构造完全相同,施工工艺也基本相似,所不同的是中跨合龙时要用千斤顶对两悬臂端进行一定量的顶开。

2. 合龙段的施工工序

合龙段的施工工序一般可分为以下几种:

(1)劲性钢骨架的预埋。即将劲性骨架按设计要求预先埋置于最后一个悬臂节段的前端。这一步除了要对梁体最后一个悬臂节段的施工挠度准确预估外,还要将预埋骨架定位准确,以避免给合龙时骨架的焊接造成困难。

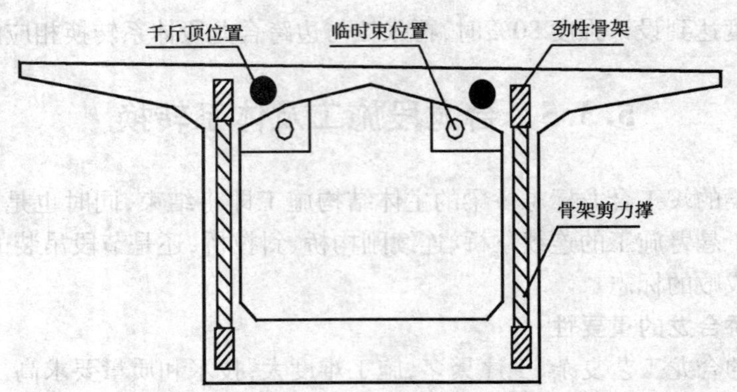

图 5-3-15　边跨合龙段立面图

(2)配重的设置。合龙配重重量应该按照设计提供的最大极限配重并结合实际情况进行分析确定。配重的设置应注意均衡对称,避免对梁体产生扭转和冲击。

(3)两悬臂端的顶开。即用千斤顶对两悬臂端进行适量的顶开,顶开工艺只在中跨合龙时进行,边跨合龙不需要顶开。

(4)劲性骨架的焊接。即将劲性骨架在合龙温度下锁定焊接。连续刚构桥的实际合龙温度就是指劲性骨架的焊接锁定温度。

(5)临时束的张拉。在合龙段顶板处设有一对临时预应力束,需要在合龙时进行张拉并在合龙后拆除。

(6)合龙段混凝土的浇筑。在合龙段混凝土浇筑的同时要同步释放等重量的配重(水),并且要注意合龙段混凝土的振捣质量。

(7)合龙段混凝土的养护及后期预应力束的张拉。其实后期预应力束(即底板束)的张拉并不属于合龙工艺,但对其张拉次序有严格要求。

可见合龙工艺是非常复杂的。下面将对其中的劲性骨架、配重、顶开及临时束问题进行详细讨论。

3. 劲性钢骨架

1)劲性钢骨架的作用

劲性钢骨架的作用是在合龙段混凝土养护期间帮助或者替代混凝土承受桥梁结构在此处可能产生的拉力、压力、弯矩、剪力和扭矩,以保证合龙段混凝土在凝结硬化过程中尽可能排除外界因素的干扰;同时在桥梁合龙后,劲性骨架增大了合龙段的刚度和强度,有利于确保合龙质量和增加桥梁的整体性。

(1)确保合龙段现浇混凝土的养护质量。劲性骨架的主要作用就是使合龙段现浇混凝土在养护期间尽量不受力或少受力,以确保其养护质量。合龙段混凝土在养护期间强度很低,其抵抗外力和变形的能力都很弱。如果合龙段混凝土在达到规定强度前承受过大的外力或变形,就会松散或开裂,从而将严重地影响其应有的质量和力学性能。劲性骨架就是代替混凝土承受合龙段混凝土养护期间的受力和变形。

(2)增强两个悬臂端连接的安全可靠性。以龙溪河大桥为例,合龙段长 2m,分两个边跨合龙段和一个中跨合龙段。设计上,合龙段只有底板永久预应力束而没有顶板永久预应力束。在顶板仅有一对临时束,这是从施工要求来考虑的。劲性骨架为大型型钢构成,牢固连接着两个悬臂段,由于钢材的弹性模量较大,因此其抗拉压(主要是抗拉)刚度较大。并且劲性骨架设有强大的剪力撑，由此形成的空间钢桁架具有较大的抵抗弯矩、剪力、扭矩的强度和刚度。这样在劲性骨架作用下，两个悬臂通过合龙段就能更好地形成整体，确保连接过程中两悬臂端不产生明显的变形差异。

2）劲性钢骨架的构造形式及含钢量

从抗拉压角度来讲，劲性钢骨架的任何截面形式都是等效的。但合龙段劲性骨架还有抗弯和抗剪的要求，因此“工”字型截面和“[”型截面较好。实际施工中，为了增加骨架的抗扭能力，多采用将两块“[”钢对拼成闭合“口”型截面，并内灌混凝土，如图 5-3-16 所示。

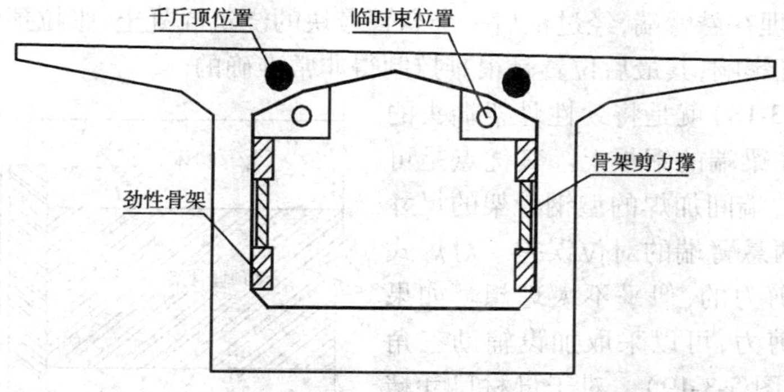

图 5-3-16　劲性钢骨架示意图

3）劲性钢骨架的设置

劲性钢骨架的设置一般可分为两种：体内式和体外式。体内式是指劲性钢骨架埋置于梁体混凝土内，如图 5-3-17；体外式是指劲性钢骨架设置于梁体混凝土外，如图 5-3-18，它通过反力座与梁体相连接。

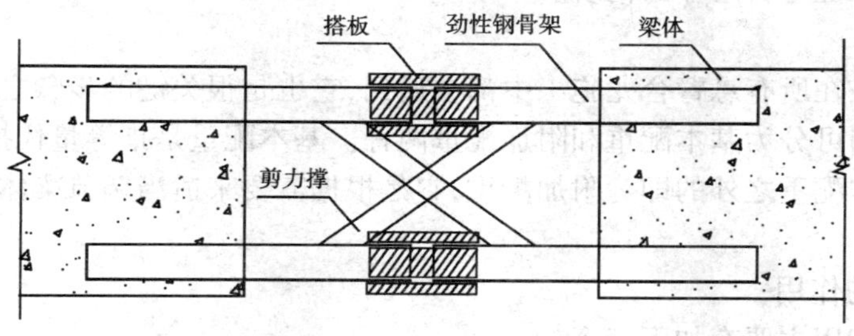

图 5-3-17　体内式劲性钢骨架

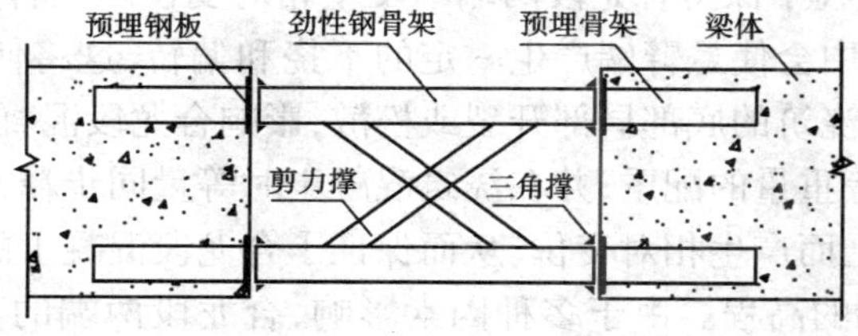

图 5-3-18　体外式劲性钢骨架

体内式骨架的优点是劲性钢骨架埋在混凝土中，不易受到腐蚀，不影响桥梁的外观。缺点在于施工阶段，由于体内式劲性钢骨架多埋置在箱梁的四个倒角附近，因此倒角部位的钢筋放置很不方便；而且由于骨架及剪力撑的影响，箱梁现浇混凝土不易振捣密实；骨架在腹板倒角处，焊接操作空间狭小，工作困难且不易保证质量。

与体内式相反，体外式的优点在于施工方便，无论是劲性钢骨架的预埋、普通钢筋的放置、骨架的焊接、混凝土的振捣，都明显优于体内式。它的缺点在于成桥阶段劲性钢骨架容易被腐蚀破坏并影响桥梁视觉效果。

4）劲性钢骨架的焊接

劲性钢骨架的焊接一般也有两种形式：搭焊式和对焊式。

搭焊式（图 5-3-17）通过搭板和缀板将骨架联结起来，受力明确，施焊方便，易于保证质量，安全度较高，以前较多采用此法。但它有一个最致命的弱点，即要求待焊的两个母材必须就位准确。如果就位不准，存在错位或倾斜，那搭板就很难就位焊接。而对于悬臂结构的合龙，劲性骨架要预埋在悬臂端，经过最后一个悬臂号块的浇筑混凝土、张拉预应力筋、拆除挂篮等施工步骤及温度影响，其最后位置是很难控制得非常准确的。

对焊式（图 5-3-18）就是将劲性骨架端头的钢板对焊于预埋在梁端的钢板上。其优点是可通过修改在两悬臂端间加焊的型钢骨架的尺寸而较方便地适应两悬臂端的对位误差。对焊式是由焊缝来承担剪力的，似乎不太理想。如果焊缝不足以抵抗剪力，可以采取加设辅助三角撑的办法来解决（图 5-3-19）。对于母材尺寸精度，可首先在两悬臂段预埋型钢和钢板，其中型钢与钢板焊接牢固，钢板预置在悬臂端头处（图 5-3-19）；然后在合龙前精确测量出两块钢板的距离，并据此制造对焊的母材（劲性骨架）。这种处理方法可以保证母材尺寸的精度。

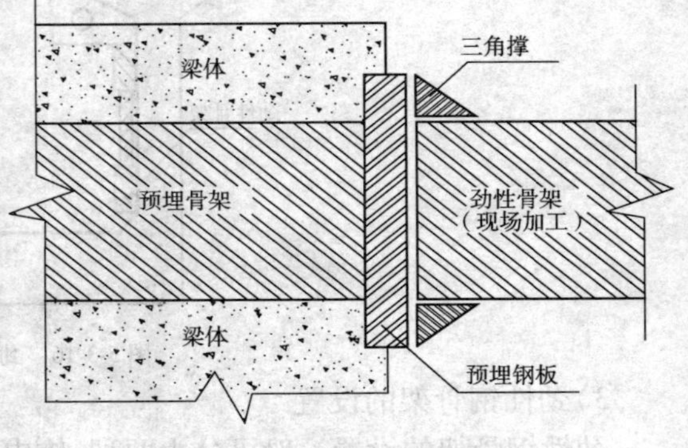

图 5-3-19　加设辅助三角撑

4. 配重问题

配重问题几乎在所有悬臂合龙施工中都会遇到，它也是很关键的步骤之一。

配重按其作用可分为基本配重和附加配重两种。基本配重是指等量代换合龙段混凝土重量的配重。除基本配重之外的即为附加配重，它是根据需要来适当调节梁体变形、高程及应力等因素的。

1）设置配重的作用

设置配重的作用主要有如下三个：

（1）在浇筑混凝土过程中保持合龙段两端不发生相对变位。在合龙段所浇筑混凝土的重力作用下，在其浇筑过程中会使悬臂端产生一定的下挠和偏转，这将使合龙段下缘尺寸变长，体积增大，有可能使原先浇筑的底部局部开裂或松散，影响合龙段混凝土的浇筑质量。如果预先施加与合龙段混凝土等重量的配重，并在浇筑混凝土时等量同步释放该配重，那么合龙段两端就不会因为浇筑混凝土而产生相对变位，从而保证了合龙段混凝土的浇筑质量。

（2）调整合龙段两端的高程。由于多种因素影响，合龙段两端的高程可能与设计预期高程不完全吻合，这也给预埋劲性骨架的焊接带来困难。利用悬臂端部附加配重可以调整悬臂端的高程至期望程度。当然，出于对悬臂梁体强度的考虑，附加配重不能过大。

（3）调整成桥后期混凝土的徐变。基本配重在合龙段浇筑混凝土的同时随新浇混凝土数量的增加而同步逐渐卸除，附加配重要等到合龙混凝土达到规定强度后才能拆除。由于合龙前后结构体系发生了转变，因此附加配重的加载和卸载对桥梁结构影响是不能相互抵消的。人们正是据此道理来运用附加配重调整桥梁内力和后期徐变变形。图 5-3-20 分别表示合龙前施加附加配重的弯矩图、合龙后拆除附加配重的弯矩图以及由它们叠加后的弯矩图。可以看出,叠加后的内力全为负弯矩,即无论对中跨还是边跨,其作用都是使梁体上拱,这对减小成桥后由混凝土徐变引起主梁跨中下挠是很有利的。从改善桥梁后期徐变的角度看,附加配重越大对后期徐变越好,但过大的附加配重会对悬臂结构的内力构成威胁。

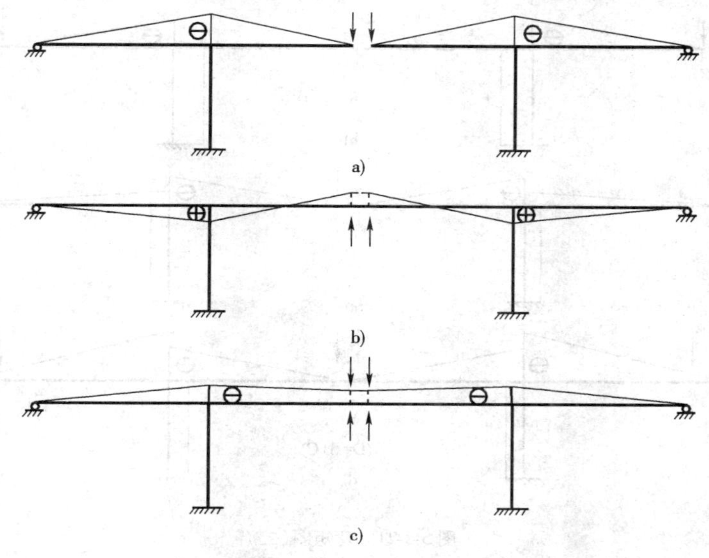

图 5-3-20　弯矩图(一)

a)合龙前施加附加配重的弯矩图;b)合龙后拆除附加配重的弯矩图;c)合龙前弯矩图 + 合龙后弯矩图

2)配重设置的方法

(1)配重形式的选择。配重一般采用钢护筒盛水的形式。钢护筒比较轻盈,它容易满足低附加配重的要求,且不易漏水,即使漏水也易于修补。用水作为基本配重,其重量的装卸都很方便且容易控制,这一点尤其在浇筑混凝土释放配重时更显优越。对于附加配重也有采用沙袋等重物的,由于这部分配重要在合龙后拆除,因此也是可行的。

(2)配重位置的选择。从配重对悬臂挠度作用的效果不难看出,配重加在悬臂端部最好。因此,除了预留必要的施工操作空间外,配重在纵桥向应尽量靠近悬臂前端。在横桥向,为了保持箱梁横向平衡而不发生侧向倾斜和扭转,配重应沿横桥向均衡布置。

另外,边跨配重与中跨配重一般应同时同步施加。这是因为:

①仅在边跨单独先施加配重会使单 T 结构的桥墩承受较大的不平衡力矩及翘挠变形,于已成 T 构受力不利。而且由于边跨合龙后结构发生了体系转换,即使在中跨侧再施加等量配重,这种不平衡力矩也不能完全消除。如图 5-3-21a)表示边、中跨同时施加配重的弯矩图;图 5-3-21d)表示边、中跨各自单独施加配重的总弯矩图;可见图 5-3-21a)与图 5-3-21d)的弯矩图存在很大差异。

②如果边跨单独施加配重,在边跨合龙后,中跨的配重会在边跨产生附加内力。

③边跨单独施加配重还会使悬臂梁发生较大偏转,造成另一跨悬臂端的高程发生较大变化,使预先设计的配重无法正常施加。

④各跨同时施加配重,有利于在边跨合龙后能尽快地合龙中跨,使合龙这个较不利的工况能尽早完成。

因此无论是从安全角度还是从质量角度,边跨和中跨同时施加配重都是非常必要的。

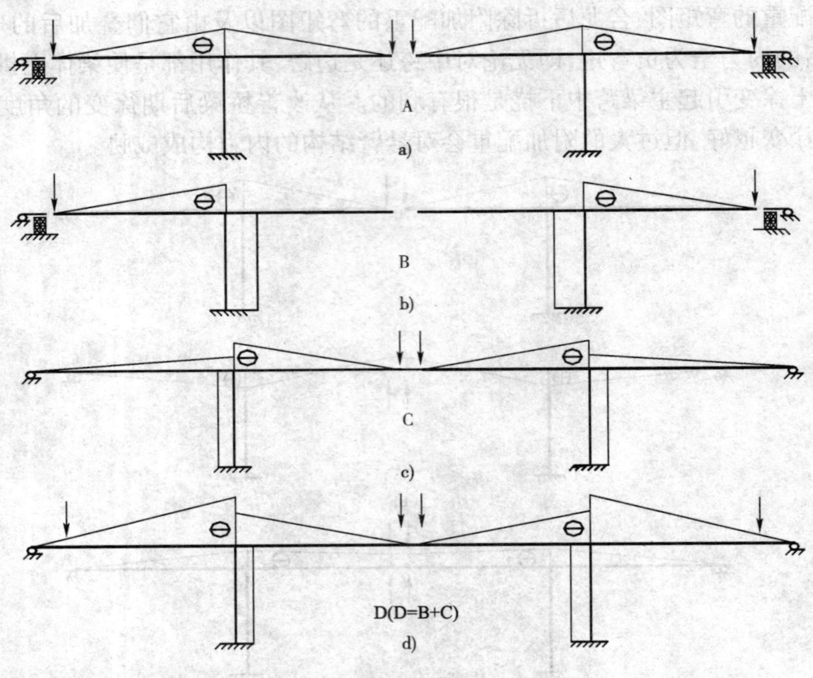

图 5-3-21　弯矩图(二)

a)合龙前施加附加配重的弯矩图;b)边跨单独施加附加配重弯矩图 c)中跨单独施加附加配重弯矩图;d)边、中跨单独附加配重总弯矩图

(3)配重大小的选择。

①确定最大配重重量 $W_{总}^{max}$。根据设计图和结构的实际情况,计算出悬臂梁的实际承载能力,由此确定最大配重重量 $W_{总}^{max}$。这里的 $W_{总}^{max}$ 包括基本配重 $W_{基本}$ 和附加配重 $W_{附加}$。最大配重的确定是从考虑悬臂梁安全角度出发的。

②确定最小配重 $W_{总}^{min}$。根据合龙段重量及施工机具确定最小配重 $W_{总}^{min}$。

$$W_{总}^{min} = W_{基本} + W_{附加}^{1} \tag{5-3-1}$$

其中 $W_{附加}^{1}$ 包括合龙段的模板重量、吊架重量、水箱重量、施工机具和人员的重量。最小配重是保证正常施工所必需的。结构的实际配重应在最大和最小配重之间选择。

③确定附加配重 $W_{附加}^{2}$。

$$W_{附加}^{2} = W_{附加}^{高差} + W_{附加}^{内力} + W_{附加}^{徐变} \tag{5-3-2}$$

根据合龙段两端的高差确定 $W_{附加}^{高差}$,$W_{附加}^{高差}$ 为合龙段两端的配重差(仅加在一边),以保证合龙能顺利进行;根据已实施结构的受力状态确定需要调整的内力幅度,以此反算出 $W_{附加}^{内力}$;根据桥梁目前的高程及其徐变特点,确定 $W_{附加}^{徐变}$。

$W_{附加}^{内力}$ 和 $W_{附加}^{徐变}$ 应综合协调考虑,在具体情况中,也可能以调整内力或调整后期变形为主来考虑。

因此,桥梁的最终实际配重可定为:

$$W_{实际} = W_{基本} + W_{附加}^{1} + W_{附加}^{2} \leqslant W_{总}^{max} \tag{5-3-3}$$

(4)配重的释放方法。配重的释放要注意均衡对称。尤其是基本配重的释放,浇筑多少混凝土就应同步释放多重的基本配重,以此保证浇筑同过程中结构不产生变形,这一点非常重要。

工程实例：

龙溪河大桥的最大设计配重为80t，最小设计配重为50t。实际施工中的配重取为50t、55t、70t等几种。

5. 顶开问题

在拱桥的合龙施工中必要时用千斤顶顶开来调整主拱圈内力。连续刚构桥的合龙也涉及运用千斤顶将合龙段两端适当顶开的问题。

1）千斤顶顶开的作用

连续刚构桥仅在中跨合龙时进行适当的顶开，其作用为：

(1)消除高温合龙影响。以龙溪河大桥为例，其设计的合龙温度(连续刚构桥的合龙温度即为劲性骨架焊接锁定时的温度)为20℃，而合龙工期恰好赶在8～9月份，即使是阴雨天，气温一般也要大于20℃，要坐等适宜的合龙温度，在时间上和经济上都很困难，采用顶开的方式可以解决这个问题。

顶开的原则是在合龙温度下使结构成桥后其温度次内力最小。

如，已知在20℃时合龙段的长度为2.0m，现要在25℃下合龙，此时合龙段的长度会"缩短"0.0134m。如果不采取措施而就此合龙，那么桥梁合龙后在20℃时必然要存在－5℃的温度内力，这是设计所不容许的。如果用千斤顶预先将两悬臂端顶开0.0134m，然后焊接骨架、拆除千斤顶、浇筑混凝土，那么骨架预先受到一个预压力，而在20℃的温度下，因温度降低5℃在主梁中产生的拉力恰好将此预压力抵消，即消除了温度内力。这就是千斤顶顶开的基本原理。

运用千斤顶来消除温度影响只对中跨适用。边跨合龙时因支架现浇段缺少纵向约束而无法顶开。另外边跨合龙时全桥还尚未形成最终体系，其合龙温度的影响可在中跨合龙时一起予以考虑。

(2)改善桥墩受力。目前，通常设计的连续刚构桥桥墩一般为双薄壁墩，它们的承载能力相同。由于对称施工，合龙后其受力也大致相同。但当二期恒载和活载作用时，由于中跨较大(边跨与中跨之比一般为0.6左右)，故其受荷较多，由于桥墩的柔性，墩顶将向中跨侧发生一定的位移(这在一些工程中已得到证实)。如果合龙前用千斤顶预先将墩顶向边跨侧适量顶开，就可以消除二期恒载及活载对桥墩的影响。顶开及二期恒载对桥墩的作用如图5-3-22所示。

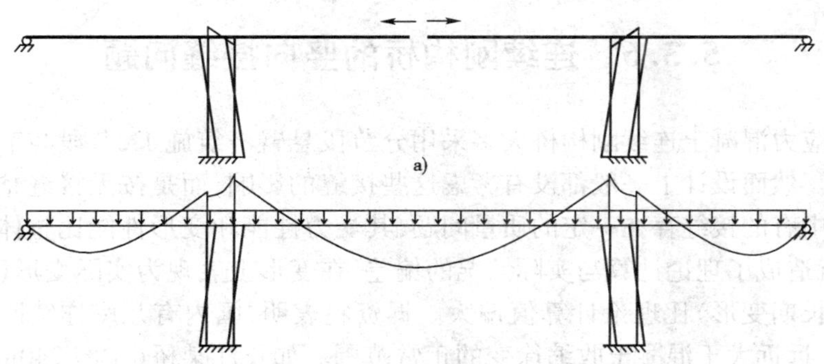

图5-3-22　顶开及二期恒载对桥墩的作用

a)顶开时弯矩图；b)二期恒载作用弯矩图

2)千斤顶的设置方法

传统上一般都将千斤顶设置在箱梁的顶板上。笔者认为,从对改善桥墩受力、减小混凝土后期徐变、消除温度影响等角度考虑,将千斤顶放置在顶板与放置在底板没有多大差别,但对悬臂梁体的内力影响是较大的,这一点类似于拱桥中运用改变千斤顶安放位置来调节主拱圈内力。因此,千斤顶的安放位置还应该根据悬臂梁的实际受力情况来确定。龙溪河大桥的千斤顶设置在顶板上。

为避免产生横桥向的弯矩,千斤顶在设置时应该注意横桥向均衡对称,顶开时也应同步进行。

顶开有两种控制方法:以顶开力控制和以顶开量控制。

理论上讲,两种控制方法应该是一致的。即顶开力与顶开量一一对应。但由于实际结构与理想结构的差异以及边跨支座摩阻等因素的影响,使顶开力控制与顶开量控制不能完全对应,存在一定的偏差。

从补偿合龙温度影响的角度考虑,以顶开量控制为宜。但从对改善桥墩受力和对后期混凝土收缩角度考虑,以顶开力控制为宜。在工程实际中,人们一般都首先从安全角度出发,以顶开力控制。

工程实例:龙溪河大桥仅在中跨合龙时在顶板上设置了两个千斤顶,以顶开力控制。实际顶开力为100t,相应的顶开量为15mm。如果按理论计算,对应15mm的顶开力应为72t。可见,两种顶开控制并不完全相同。

6. 临时束问题

在合龙段,临时束的设置是必不可少的。劲性骨架焊接后张拉临时束,使劲性骨架预先承受压力而临时束预先承受拉力。这样在合龙段混凝土养护期间,临时束和劲性骨架一起抵抗外界因素引起外力的作用和变形。当外界因素在合龙段引起压力时,先由骨架承受;当外界因素在合龙段引起拉力时,先由临时束承受。合龙段的混凝土始终不受力的作用且不发生变形。另外,骨架在被施加预应力后受载的变形也将减小。

焊接骨架、张拉临时束、千斤顶顶开等施工步骤有一定的顺序。

(1)边跨合龙。边跨合龙时首先焊接劲性骨架,然后适当张拉临时束将骨架锁紧。边跨合龙不需要千斤顶顶开。

(2)中跨合龙。中跨合龙时首先用千斤顶将两悬臂端顶开,然后焊接劲性骨架,最后张拉临时束。千斤顶的顶开吨位既要考虑温度影响又要考虑改善桥墩内力的影响。

5.3.6 连续刚构桥的竖向接缝问题

大跨度预应力混凝土连续刚构桥大多采用分节段悬臂浇筑施工,节段与节段之间必然要存在施工接缝。然而设计上一般都没有考虑这些接缝的影响,而是按无接缝整体结构进行计算。实际施工中有的接缝存在一定的质量问题,其受力性能和变形性能比整体一次浇筑的混凝土偏低,这就造成了理论计算与实际情况的偏差,在变形上表现为实际变形(包括施工阶段变形和竣工后长期变形)比理论计算值偏大。据资料表明,国内有几座连续刚构桥的成桥后期挠度特别大,远远大于混凝土收缩徐变的正常范围。如长江某桥(主跨240m),成桥后3年内梁体最大下挠值达18cm,并且还在继续下沉,造成桥面普遍开裂,严重地影响到桥梁的正常使用。经计算,该桥因混凝土收缩徐变而引起的下挠值仅为5~10cm左右,远低于实际下挠值。

悬臂施工中,节段与节段间竖向接缝质量对其强度安全性影响可能不是很大(因为桥梁承受的剪力相对不大),但对其竖向变形影响较大,这是因为接缝处混凝土自身的性能就偏低并且众多接缝削弱了结构的整体性。可以说,在成桥后期变形中,并不全是由混凝土的收缩徐变引起,其中有一部分是由于竖向接缝质量不好而引起。这种解释在理论上和实际现象上都能行得通。

影响混凝土竖向接缝质量的原因主要有两个:接缝混凝土表面的凿毛质量和接缝附近混凝土的密实质量,现分述如下:

悬臂现浇节段施工方法中,在新节段浇筑之前,要对已完成节段混凝土的接缝表面进行凿毛处理,以增强新旧节段混凝土的黏结力,使之形成整体。可见凿毛质量是影响接缝质量的主要因素之一。

1. 接缝表面凿毛的作用

有人认为,凿毛的作用就是把混凝土表面凿成凸凹不平,以增加新旧节段混凝土的咬合力。这种认识是不完全正确的。假设如此,人们只要将端头模板事先加工成凸凹不平的形状不就可以了吗?

(1)可凿除已完成节段接缝表面上的浮浆。在浇筑已成节段混凝土时,接缝表面是与端头模板相接触的。在其附近混凝土的振捣过程中,会有一部分水泥浆浸润在端模与混凝土之间。待端头模板拆除之后,这部分水泥浮浆就附着在节段表面上。这种水泥浮浆虽然很薄,但非常光滑,如果不将其凿掉,就会在新旧节段之间形成一个“滑移层”。这严重削弱了新旧节段混凝土的黏结力(因为其光滑)和整体性(因为它只是一层水泥浆而不同于混凝土)。因此这个薄弱夹层应予凿除,如图 5-3-23 所示。

(2)增加新旧混凝土表面的接触面积。将已成节段混凝土表面凿成凸凹不平,相当于把一个光滑平面凿成许多个小曲面,势必大大增加了新旧节段混凝土的接触面积。众所周知,黏结力是与接触面积成正比的。因此,凿毛对增加新旧节段混凝土的黏结力贡献明显(图 5-3-24)。

(3)增加了新旧混凝土的咬合作用。将旧节段的混凝土表面凿成凸凹不平,就能够使新混凝土的集料进入旧混凝土凹的部分,使旧混凝土的集料进入新混凝土凹的部分,形成犬牙交错之势,即还原常规混凝土本来的内部结构性状。这种新旧混凝土的咬合作用对接缝抵抗竖向变形贡献也是非常大的。因此,凿毛需要有一定的深度和密度,工程上一般要求凿毛深度为 1cm(图5-3-24)。

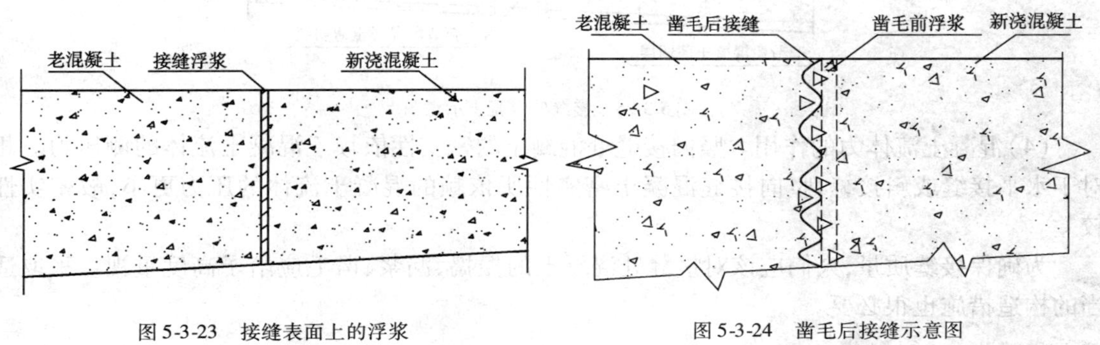

图 5-3-23　接缝表面上的浮浆　　图 5-3-24　凿毛后接缝示意图

(4)增加了新旧混凝土的黏结性能。凿毛要求被凿混凝土表面露出新集料,这样新浇筑的混凝土在凿出的新面上具有更好的黏结性能。

2. 接缝表面凿毛注意事项

凿毛必须要在混凝土达到一定强度后才能进行。混凝土达到一定强度后,凿毛比较费力。有些施工人员为了省力,未等混凝土达到应有的强度就拆掉端模进行凿毛,这种做法是错误的。因为此时混凝土尚未达到应有强度,拆掉端模会使其附近的混凝土在自重作用下发生变形和松散,影响这部分混凝土的密实程度。更为严重的是,此时凿毛会因为振动而破坏混凝土的正常凝固,从而使接缝附近混凝土强度降低。这样凿毛的接缝表面混凝土没有强度和质量保证,因此,新浇混凝土与表面凿毛混凝土的黏结性能也不能得到保证,这一点尤其应该值得广大施工人员和监理人员注意。

另外,经过凿毛的接缝混凝土表面在浇筑新混凝土前应该用清水冲洗干净。这样不仅可以去掉接缝表面的灰粉和残渣,还能起到润湿先浇筑混凝土的作用,从而增加其黏结力。

接缝附近混凝土是否密实也是影响接缝质量的重要因素。如果混凝土不够密实,那么它的弹性模量必然降低,在相同的应力状态下,混凝土的徐变变形量必然增加。影响混凝土密实性的几种常见原因是:

(1)端头模板拆除过早。有些施工人员为了凿毛方便,在混凝土未达规定强度就拆掉端头模板,从而使旧节段接缝附近的混凝土松散不密实。

(2)振捣不到位。对于旧节段接缝,附近有锚下螺旋箍筋和锚下钢筋网片;对于新节段接缝,附近有锚板和必须留出的预应力束(作为预应力束锚固区),这给接缝附近的混凝土振捣带来不便,稍不注意,就有可能使接缝附近的混凝土振捣不密实。

(3)漏浆。对于旧节段,端头模板有许多孔隙,如预留的预应力束孔道、普通钢筋孔道、预应力锚具等。如果端头模板的这些孔道密封不严,在混凝土浇筑及振捣时就会有部分水泥浆从这里泄漏出去。对于新节段,接缝附近的侧模和底模有可能与旧节段梁体结合不严密,这也会引起漏浆。水泥浆的泄漏当然要影响接缝附近混凝土的质量。因此应综合考虑凿毛不力、拆模过早、振捣不足、漏浆等影响。接缝处混凝土示意图如图5-3-25。

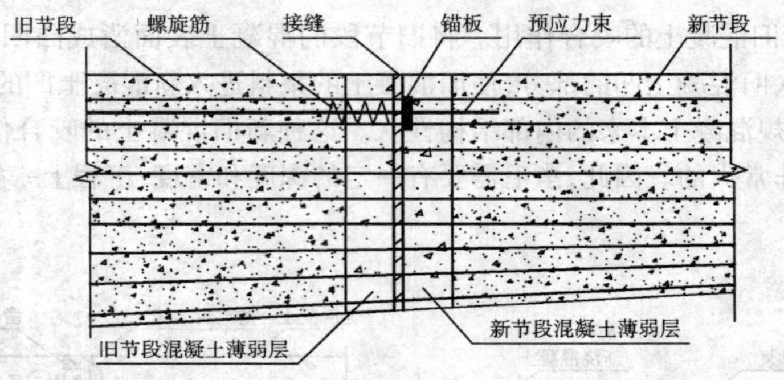

图5-3-25 接缝处混凝土示意图

(4)混凝土流体力的作用。竖向接缝处混凝土的密实性依赖于混凝土流体的侧压力。相对于水平接缝或斜接缝,竖向接缝混凝土密实性所依赖的混凝土流体的压力更小,故密实性较差。

为确保接缝质量,人们应该对接缝处混凝土的振捣、漏浆、凿毛应给予高度重视。采取适当的构造措施也很必要。

3. 竖向接缝问题的几种构造处理方案

1）斜接缝形式

节段与节段采用斜接缝的形式而非竖直形式。由于接缝是斜向的，而剪力是竖向的，因此接缝处的剪力是要由相邻两个节段共同承担而非只由接缝承担。斜接缝不仅可以增大接触面积，而且由于新浇混凝土的重力作用会使接缝更加紧密，漏浆问题也会有所改善。斜接缝的倾角[图 5-3-26a）]上端向悬臂根部倾斜。这是因为：①从密实性看，接缝宜近水平；②从方便施工立模看，接缝宜近竖直；③当接缝接近与主压应力方向垂直时，受力性能更好。

斜接缝倾角的确定主要考虑两个因素，一是能起到明显的改善作用，二是不明显增加施工麻烦。综合①②③点，笔者认为将倾角定在 5°～15°比较适合。当然倾角的最优确定还应该进行更详细的理论分析和工程实践的检验。

2）牛腿形式

节段与节段间的接缝采用牛腿形式。这里的牛腿不同于 T 构与挂梁相连接的牛腿（如重庆长江大桥），挂梁的牛腿需要配置很多构造钢筋，因为它首先要满足受力要求。而连续刚构节段接缝处的牛腿只是形式上的牛腿，不需要单独配筋，因为它没有特殊的受力要求，只要将它做成台阶就可以了，这对剪切变形是有利的。由于新旧混凝土的接触面是转折面，任何形式的剪力都不可能仅由接缝面单独承担，同时也不可能在接缝处出现相对竖向错动。因此牛腿形式的接缝也可以较好地解决由于接缝质量问题而引起的过大变形[图 5-3-26b）]。

3）剪力键形式

通过在新旧节段接缝处加设剪力键来改善接缝的抗剪性能（抗剪强度和抗剪刚度），主要是增加抗剪刚度。剪力键的设置方法较多，此处不再多述。

剪力键形式接缝的示意图见图 5-3-26c）。

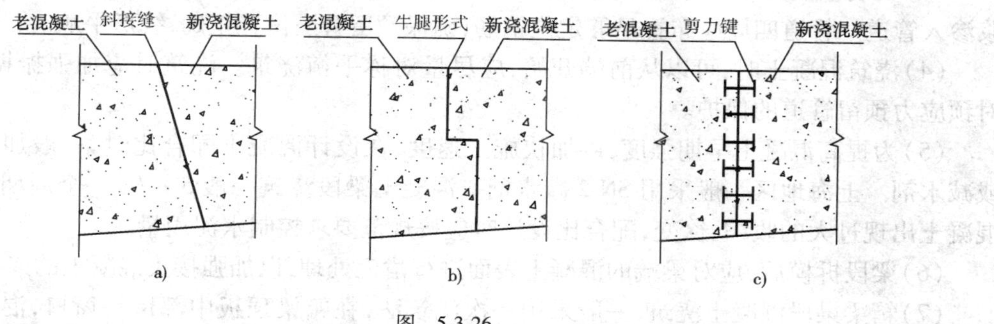

图 5-3-26

a）斜接缝；b）牛腿式接缝；c）剪力键

关于竖向接缝问题的三种处理方案，即斜接缝形式、牛腿形式、剪力键形式，这三种处理方案的操作都具有可行性，但都有如下各自的优缺点：

剪力键形式并没有解决接缝的黏结问题，而是靠增加材料（一般为钢材）来帮助抵抗剪切变形。从抗剪角度来说，用钢材抗剪是不太经济的，如果剪力键过少则效果不明显，过多的剪力键会使端头模板的构造复杂，并增加了端头混凝土振捣的难度。

牛腿形式需要对端头模板和侧模作一些修改，另外，牛腿混凝土的浇筑和振捣也使施工更加麻烦。同时，它只是部分回避了竖直接缝的缺点，但仍保留两道竖向接缝，只是由于牛腿平台而使接缝适当错开而已，仍有两个竖直面受到接缝的明显削弱。

斜接缝形式不仅便于施工，而且对接缝的黏结和受力都很有好处，而且不增加材料用量。斜接缝倾斜度关系到施工的难易和其抵抗剪切变形的能力，应慎重考虑。

5.3.7 悬臂浇筑梁段混凝土施工注意事项

1. 悬臂施工的特点

(1)预应力混凝土连续梁及悬臂梁桥采用悬臂施工时需进行体系转换,即在悬臂施工时,梁墩采取临时固结,结构为T形刚构。合龙前,撤销梁墩临时固结,结构呈悬臂梁受力状态,待结构合龙后形成连续梁体系。设计时应对施工状态进行配束验算。

(2)桥跨间不需搭设支架,施工不影响桥下通航或行车。施工过程中,施工机具和人员等重力均全部由已建梁段承受,随着施工的进展,悬臂逐渐延伸,机具设备也逐步移至梁端,需用支架做支撑。所以悬臂施工法可应用于通航河流及跨线立交大跨径桥梁。

(3)多孔桥跨结构可同时施工,加快施工进度。

(4)悬臂施工法充分利用预应力混凝土承受负弯矩能力强的特点,将跨中正弯矩转移为支点负弯矩,使桥梁跨越能力提高,并适合变截面桥梁的施工。

(5)悬臂施工用的悬拼吊机或挂篮设备可重复使用,施工费用较省,可降低工程造价。

2. 悬臂施工注意事项

(1)挂篮就位后,吊架安装并校正模板,此时,应对浇筑预留梁段混凝土进行抛高,以使施工完成的桥梁符合设计高程。抛高值包括施工期结构挠度、因挂篮重力和临时支承释放时支座产生的压缩变形等。

(2)模板安装应核准中心位置及高程,模板与前一段混凝土面应平整密贴。如上一节段施工后出现中线或高程误差需要调整时,应在模板安装时予以调整。

(3)安装预应力预留管道时,应与前一段预留管道接头严密对准,并用胶布包贴,防止灰浆渗入管道。管道四周应布置足够定位钢筋,确保预留管道位置正确,线形平顺。

(4)浇筑混凝土时,可以从前端开始,应尽量对称平衡浇筑。浇筑时应加强振捣,并注意对预应力预留管道的保护。

(5)为提高混凝土早期强度,以加快施工速度,在设计混凝土配合比时,一般加入早强剂或减水剂。上海地区一般采用SN-2减水剂。混凝土梁段浇筑一般5~7d一个周期。为防止混凝土出现过大的收缩、徐变,配合比设计时应按规范要求控制水泥用量。

(6)梁段拆模后,应对梁端的混凝土表面进行凿毛处理,以加强接头混凝土的连接。

(7)箱梁梁段混凝土浇筑,一般采用一次浇筑法,在箱梁顶板中部留一窗口,混凝土由窗口注入箱内,再分布到底模上。当箱梁断面较大时,考虑梁段混凝土数量较多,每个节段可分两次浇筑,先浇筑底板到肋板倒角以上,待底板混凝土达一定强度后,再支内模,浇筑肋板上段和顶板。其接缝按施工缝要求进行处理。

(8)箱梁梁段分次浇筑混凝土时,为了不使后浇混凝土的重力引起挂篮变形,导致先浇混凝土开裂,要有消除后浇混凝土引起挂篮变形的措施。

5.3.8 悬臂浇筑的施工控制

为了使结构在最终成桥状态时达到设计要求的各项性能指标,确定各施工阶段结构的线形是桥梁悬臂施工中最重要的任务之一。悬臂浇筑施工中高程的监测与控制(通过挠度控制来实现)极为重要。而影响挠度的因素较多,主要有挂篮的变形、箱梁段自重、预加应力大小、施工荷载、结构体系转换、混凝土收缩与徐变、日照和温度变化等。挠度控制将影响合龙精度及成功与否,也是确保桥梁线形符合设计要求的决定性工作。悬臂浇筑施工中高程的监控就是利用理论计算和现场测量数据,对环境和工艺的影响作出评估,并利用评估结果,对后期挠度作出预报。

1. 设计高程

理论上,设计高程即为桥梁在正常使用情况下的高程,在总体上服从于公路断面的线形设计。或者说,桥梁的设计高程就是桥梁竣工多年以后,在承受1/2静活载情况下的高程。这里要求"竣工多年(一般为3~5年)以后"是为了保证混凝土后期收缩徐变大体完成,桥梁不再发生明显的后期变形;"承受1/2静活载"则是近似模拟桥梁在正常使用情况下的活载工况。高程监控的目的就是要使大桥的线形满足设计要求。因此设计高程是高程监控的依据。

2. 竣工高程

竣工高程即桥梁刚竣工时的成桥高程。

桥梁在竣工后还要发生后期徐变变形及活载变形,因此可得:

$$H_i^{竣工} - f_i^{后期徐变} - f_i^{1/2静活载} = H_i^{设计}$$

式中:$H_i^{竣工}$——桥梁竣工高程,下脚标 i 表示桥梁的纵向位置,以下同;

$H_i^{设计}$——桥梁设计高程;

$f_i^{后期徐变}$——桥梁竣工后由于混凝土后期徐变而引起的变形,以向下为正;

$f_i^{1/2静活载}$——桥梁承受1/2静活载所引起的变形,以向下为正。

3. 立模高程

立模高程即施工时模板的放样高程。

竣工高程与立模高程的关系为:

$$H_i^{竣工} = H_i^{立模} - F_i^{竣工}$$

式中:$F_i^{竣工}$——结构某一点在立模之后,由于以后的施工操作使该点产生的变形。这种变形直到成桥竣工时为止。因此我们把它记作 $F_i^{竣工}$(取向下为正)。

设计高程、竣工高程、立模高程之间的关系如图5-3-27所示。

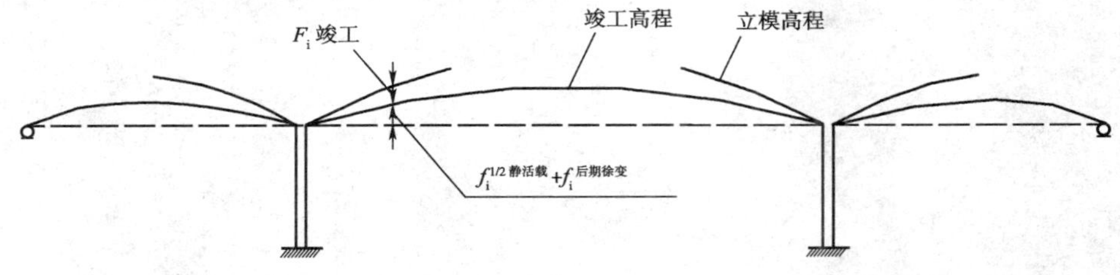

图5-3-27　设计高程、竣工高程和立模高程关系示意图

4. 高程控制的原理

在实际施工中,很多因素与事先估计的理想状态有差别,如混凝土弹性模量、混凝土重度、混凝土的收缩和徐变、箱梁截面尺寸、张拉预应力的效果、施工温度等,不可能与设计理论值完全符合。这些偏差必然会对桥梁的变形产生某些影响,使实际变形与理论变形存在一定的差异,从而影响成桥竣工高程,偏离设计意图。因此,必须根据施工实际随时调整理论计算模型,使之与施工实际情况相符,再按修正后的模型采用交通运输部公路科学研究所开发的《公路桥梁结构计算通用程序》(以下简称GQJS)和西南交通大学开发的《桥梁结构分析系统》(以下

简称 BSAS)两套软件确定新的立模高程,从而达到高程控制的目的。即桥梁高程监控是以实际施工情况为依据,通过比较实际观测变形和理论计算变形对结构进行监测,通过修正理论模型来消除理论与实际的偏差以便掌握结构的实际变形规律,通过调整立模高程来对桥梁高程进行控制。

高程控制的关键在于每一节段施工时立模高程的确定。我们知道,连续刚构的高程控制与斜拉桥及悬索桥相比,最大的特点在于其后期的不可调性(或者说,其后期可调程度很小)。斜拉桥可以在施工过程中及竣工成桥后通过适当调整斜拉索索力来调整主梁的内力和桥面的高程;悬索桥可以在加劲梁固接前通过调整吊杆的长度来调节桥面线形,成桥后也可以通过调整吊杆的长度来调节主梁内力和桥面线形。而连续刚构桥虽然理论上也可通过调整预应力束来调整已成桥的高程,但这会显著影响其受力状况,并且其调整幅度极其有限。因此,连续刚构桥的高程控制必须在施工中进行,要求每一节段的高程控制到位,变形预期准确,不产生偏差累积,这样就不致出现大的偏差。

学习情境6

上部结构质量检测与评定

情境导入

20世纪中叶以来，随着科学技术的快速发展，特别是随着我国公路建设投资规模的加大，我国桥梁建设事业得到了突飞猛进的发展，先后在长江、黄河、珠江等河流上建成了一大批大跨径、深水基础的桥梁，各种桥型的跨径纪录不断被刷新，使我国在长大跨径悬索桥、斜拉桥、拱桥和连续刚构桥建设方面跨入世界先进行列。由于桥梁建设规模越来越大，大型桥梁在国民经济和社会生活中的地位与作用越来越重要，人们对这些大型桥梁的施工质量、安全性以及正常使用功能日渐关注，围绕桥梁结构质量检测开展了大量的工作，并逐渐形成了一套系统。

学习目标

【知识目标】 掌握钢筋加工及安装、混凝土拌和及浇筑工艺等。

【能力目标】 能够对施工过程中各个阶段的工程质量进行评定，正确完成工程内业资料。

任务 6.1　质量检测与评定的一般规定

6.1.1　钢筋的一般规定

钢筋混凝土中的钢筋和预应力混凝土中非预应力钢筋必须符合现行《钢筋混凝土用热轧光圆钢筋》(GB 13013)、《钢筋混凝土用钢带肋钢筋》(GB 1499)、《冷轧带肋钢筋》(GB 13788)、《低碳钢热轧圆盘条》(GB 701)的规定。其力学、工艺性能可参见《公路桥涵施工技术规范》(JTJ 041—2000)附录1。环氧树脂涂层钢筋的标准可按照现行《环氧树脂涂层钢筋》(JC 3042)执行。

钢筋必须按不同钢种、等级、牌号、规格及生产厂家分批验收,分别堆存,不得混杂,且应设立识别标志。钢筋在运输过程中,应避免锈蚀和污染。钢筋宜堆置在仓库(棚)内,露天堆置时,应垫高并加遮盖。

钢筋应具有出厂质量证明书和试验报告单。对桥涵所用的钢筋应抽取试样做力学性能试验。以另一种强度、牌号或直径的钢筋代替设计中所规定的钢筋时,应了解设计意图和代用材料性能,并须符合现行《公路钢筋混凝土及预应力混凝土桥涵设计规范》(JTG D62—2004)的有关规定。重要结构中的主钢筋在代用时,应由原设计单位作变更设计。

6.1.2　钢 筋 加 工

钢筋加工时需进行钢筋调直和清除污锈,其要求为:

(1)钢筋的表面应洁净,使用前应将表面油渍、漆皮、鳞锈等清除干净。

(2)钢筋应平直,无局部弯折,成盘的钢筋和弯曲的钢筋均应调直。

(3)采用冷拉方法调直钢筋时,I级钢筋的冷拉率不宜大于2%;HRB335、HRB400牌号钢筋的冷拉率不宜大于1%。

钢筋的弯制和末端的弯钩应符合设计要求,如设计无规定时,应符合表6-1-1的规定。

受力主钢筋制作和末端弯钩形状　　表6-1-1

弯曲部位	弯曲角度	形状图	钢筋种类	弯曲直径 D	平直部分长度	备注
末端弯钩	180°	d, D	I	≥2.5d	≥3d	d为钢筋直径
	135°	d, D, ≥5d	HRB335	ϕ8～ϕ25≥4d	≥5d	
			HRB400	ϕ28～ϕ40≥5d		
	90°	d, D, ≥10d	HRB335	ϕ8～ϕ25≥4d	≥10d	
			HRB400	ϕ28～ϕ40≥5d		

续上表

弯曲部位	弯曲角度	形状图	钢筋种类	弯曲直径 D	平直部分长度	备注
中间弯钩	90°以下		各类	≥$20d$	—	d 为钢筋直径

注：环氧树脂涂层钢筋当进行弯曲加工时，对直径 d 不大于 20mm 的钢筋，其弯曲直径不应小于 $4d$，对直径 d 大于 20mm 的钢筋，其弯曲直径不小于 $6d$。

用Ⅰ级钢筋制作的箍筋，其末端应做弯钩，弯钩的弯曲直径应大于受力主钢筋的直径，且不小于箍筋直径的 2.5 倍。弯钩平直部分的长度，对于一般结构，不宜小于箍筋直径的 5 倍，有抗震要求的结构，不应小于箍筋直径的 10 倍。弯钩的形式，如设计无要求时，可按图 6-1-1a)、图 6-1-1b)加工；有抗震要求的结构，应按图 6-1-1c)加工。

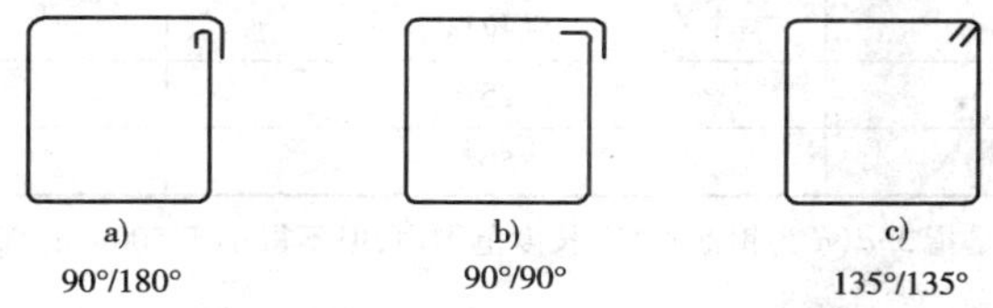

图 6-1-1　箍筋弯钩形式图

6.1.3　钢筋的连接

一、钢筋的焊接与绑扎接头的要求

(1)轴心受拉和小偏心受拉杆件中的钢筋接头，不宜绑接。普通混凝土中直径大于 25mm 的钢筋，宜采用焊接。

(2)钢筋的纵向焊接应采用闪光对焊(HRB500 钢筋必须采用闪光对焊)。当缺乏闪光对焊条件时，可采用电弧焊、电渣压力焊、气压焊。钢筋的交叉连接，无电阻点焊机时，可采用手工电弧焊。各种预埋件 T 形接头钢筋与钢板的焊接，也可采用预埋件钢筋埋弧压力焊。电渣压力焊只适用于竖向钢筋的连接，不能用做水平钢筋和斜筋的连接。钢筋焊接的接头形式、焊接方法、适用范围应符合现行《钢筋焊接及验收规程》(JGJ 18)的规定。质量验收标准见《公路桥涵施工技术规范》(JTJ 041—2000)附表。

(3)钢筋焊接前，必须根据施工条件进行试焊，合格后方可正式施焊。焊工必须持考试合格证上岗。

(4)钢筋接头采用搭接或帮条电弧焊时，宜采用双面焊缝，双面焊缝困难时，可采用单面焊缝。

(5)钢筋接头采用搭接电弧焊时，两钢筋搭接端部应预先折向一侧，使两接合钢筋轴线一致。接头双面焊缝的长度不应小于 $5d$，单面焊缝的长度不应小于 $10d$(d 为钢筋直径)。

钢筋接头采用帮条电弧焊时，帮条应采用与主筋同级别的钢筋，其总截面面积不应小于被焊钢筋的截面积。帮条长度，如用双面焊缝不应小于 $5d$，如用单面焊缝不应小于 $10d$(d 为钢筋直径)。

(6)凡施焊的各种钢筋、钢板均应有材质证明书或试验报告单。焊条、焊剂应有合格证,各种焊接材料的性能应符合现行《钢筋焊接及验收规程》(JCJ l8)的规定。各种焊接材料应分类存放和妥善管理,并应采取防止腐蚀、受潮变质的措施。

(7)电渣压力焊、气压焊、预埋件钢筋埋弧压力焊的技术规定及电弧焊中的坡口焊、窄间隙焊、熔槽帮条焊和钢筋与钢板焊接的技术规定可参照现行《钢筋焊接及验收规程》(JCJ 18)的规定执行。

(8)受力钢筋焊接或绑扎接头应设置在内力较小处,并错开布置,对于绑扎接头,两接头间距离不小于1.3倍搭接长度。对于焊接接头,在接头长度区段内,同一根钢筋不得有两个接头,配置在接头长度区段内的受力钢筋,其接头的截面面积占总截面面积的百分率应符合表6-1-2的规定。对于绑扎接头,其接头的截面面积占总截面面积的百分率,亦应符合表6-1-2的规定。

接头长度区段内受力钢筋接着面积的最大百分率 表6-1-2

接头形式	接头面积最大百分率(%)	
	受拉区	受压区
主钢筋绑扎接头	25	50
主钢筋焊接接头	50	不限制

注:①焊接接头长度区段内是指35*d*(*d*为钢筋直径)长度范围内,但不得小于500mm,绑扎接头长度区段是指1.3倍搭接长度。

②在同一根钢筋上应尽量少设接头。

③装配式构件连接处的受力钢筋焊接接头可不受此限制。

④绑扎接头中钢筋的横向净距不应小于钢筋直径且不应小于25mm。

⑤环氧树脂涂层钢筋绑扎搭接长度,对受拉钢筋应至少为涂层钢筋锚固长度的1.5倍且不小于375mm;对受压钢筋为无涂层钢筋锚固长度的1.0倍且不小于250mm。

(9)电弧焊接和绑扎接头与钢筋弯曲处的距离不应小于10倍钢筋直径,也不宜位于构件的最大弯矩处。

(10)焊接时,对施焊场地应有适当的防风、雨、雪、严寒设施。冬期施焊时应按《公路桥涵施工技术规范》(JTJ 041—2000)冬期施工的要求进行,低于-20℃时,不得施焊。

(11)受拉钢筋绑扎接头的搭接长度,应符合表6-1-3的规定;受压钢筋绑扎接头的搭接长度,应取受拉钢筋绑扎接头搭接长度的0.7倍。

受拉钢筋绑扎接头的搭接长度 表6-1-3

钢筋类型		混凝土强度等级		
		C20	C25	高于C25
Ⅰ级钢筋		35*d*	30*d*	25*d*
月牙纹	HRB335牌号钢筋	45*d*	40*d*	35*d*
	HRB400牌号钢筋	55*d*	50*d*	45*d*

注:①当带肋钢筋直径*d*不大于25mm时,其受拉钢筋的搭接长度应按表中值减少5*d*采用;当带肋钢筋直径*d*大于25mm时,其受拉钢筋的搭接长度应按表中值增加5*d*采用。

②当混凝土在凝固过程中受力钢筋易受扰动时,其搭接长度宜适当增加。

③在任何情况下,纵向受拉钢筋的搭接长度不应小于300mm;受压钢筋的搭接长度不应小于200mm。

④当混凝土强度等级低于C20时,Ⅰ级、HRB335牌号钢筋的搭接长度应按表中C20的数值相应增加10*d*;HRB500钢筋不宜采用。

⑤对有抗震要求的受力钢筋的搭接长度,当抗震烈度为七度(及以上)时应增加5d。

⑥两根不同直径的钢筋的搭接长度,以较细的钢筋直径计算。

(12)受拉区内Ⅰ级钢筋绑扎接头的末端应做弯钩,HRB335、HRB400 牌号钢筋的绑扎接头末端可不做弯钩。

直径等于和小于 12mm 的受压Ⅰ级钢筋的末端,可不做弯钩,但搭接长度不应小于钢筋直径的 30 倍。钢筋搭接处,应在中心和两端用铁丝扎牢。

二、钢筋的机械连接

(1)钢筋的机械连接,其接头性能指标应符合《公路桥涵施工技术规范》(JTJ 041—2000)附表的规定。

(2)钢筋连接件处的混凝土保护层宜满足设计要求,且不得小于 15mm,连接件之间的横向净距不宜小于 25mm。

(3)对受力钢筋机械连接接头的位置要求,可依照焊接接头要求办理。

(4)带肋钢筋套筒挤压接头(以下简称挤压接头)适用直径为 16 ~ 40mm 的 HRB335、HRB400 牌号带肋钢筋的径向挤压连接。用于挤压连接的钢筋应符合现行国家标准的要求。

①不同直径的带肋钢筋可采用挤压接头连接,当套筒两端外径和壁厚相同时,被连接钢筋的直径相差不应大于 5mm。

②当混凝土结构中挤压接头部位的温度低于 -20℃时,宜进行专门的试验。

③对 HRB335、HRB400 牌号带肋钢筋挤压接头所用套筒材料,应选用适于压延加工的钢材,其实测力学性能、承载力及尺寸偏差应符合有关规定。

④套筒应有出厂合格证,套筒在运输和储存中,应按不同规格分别堆放,不得露天堆放,应防止锈蚀和沾污。

⑤挤压接头施工时有关挤压设备、人员、挤压操作、质量检验、施工安全应符合现行《带肋钢筋套筒挤压连接技术规程》(JGJ 108)的规定。

(5)钢筋锥螺纹接头,适用于直径为 16 ~ 40mm 的 HRB335、HRB400 牌号钢筋的连接,用于连接的钢筋应符合现行国家标准的要求。锥螺纹连接套的材料宜用 45 号优质碳素结构钢材或其他经试验确认符合要求的钢材。钢筋锥螺纹接头的技术要求,应符合现行《钢筋锥螺纹接头技术规程》(JCJ 109)的规定。

①钢筋锥螺纹接头的应用,应符合下列规定:

a. 接头端头距钢筋弯曲点不得小于钢筋直径的 10 倍;

b. 不同直径的钢筋连接时,一次连接钢筋直径规格不宜超过 2 级。

②锥螺纹接头施工时,有关材料、加工、操作、质量检验应符合现行《钢筋锥螺纹接头技术规程》(JGJ 109)的规定。

6.1.4 钢筋骨架和钢筋网的组成及安装

一、对于预制钢筋骨架或钢筋网必须具有足够的刚度和稳定性

骨架的焊接拼装应在坚固的工作台上进行,操作时应符合下列要求:

(1)拼装时应按设计图纸放大样,放样时应考虑焊接变形和预留拱度。

(2)钢筋拼装前,对有焊接接头的钢筋应检查每根接头是否符合焊接要求。

(3)拼装时,在需要焊接的位置用楔形卡卡住,防止电焊时局部变形。待所有焊接点卡好

后，先在焊缝两端点焊定位，然后进行焊缝施焊。

(4)骨架焊接时，不同直径的钢筋的中心线应在同一平面上。为此，较小直径的钢筋在焊接时，下面宜垫以厚度适当的钢板。

(5)施焊顺序宜由中到边对称地向两端进行，先焊骨架下部，后焊骨架上部。相邻的焊缝采用分区对称跳焊，不得顺方向一次焊成。

二、钢筋网焊点

(1)当焊接网的受力钢筋为Ⅰ级或冷拉Ⅰ级钢筋时，如焊接网只有一个方向为受力钢筋，网两端边缘的两根锚固横向钢筋与受力钢筋的全部相交点必须焊接；如焊接网的两个方向均为受力钢筋，则沿网四周边缘的两根钢筋的全部相交点均应焊接，其余的交叉点，可根据运输和安装条件决定，一般可焊接或绑扎一半交叉点。

(2)当焊接网的受力钢筋为冷拔低碳钢丝，而另一方向的钢筋间距小于100mm时，除网两端边缘的两根钢筋的全部相交点必须焊接外，中间部分的焊点距离可增大至250mm。

三、现场绑扎钢筋网

(1)钢筋的交叉点应用铁丝绑扎结实，必要时，亦可用点焊焊牢。

(2)除设计有特殊规定者外，柱和梁中的箍筋应与主筋垂直。

(3)墩、台身，柱中的竖向钢筋搭接时，转角处的钢筋弯钩应与模板成45°，中间钢筋的弯钩应与模板成90°。如采用插入式振捣器振捣小型截面柱时，弯钩与模板的角度最小不得小于15°，在浇筑过程中不得松动。

(4)箍筋弯钩的叠合处，在梁中应沿梁长方向置于上面并交错布置，在柱中应沿柱高方向交错布置，若是方柱则必须位于箍筋与柱角竖向钢筋交接点上。但有交叉式箍筋的大截面柱，其接头可位于箍筋与任何一根中间纵向钢筋的交接点上。圆柱或圆管涵螺旋形箍筋的起点和终点应分别绑扎在纵向钢筋上。

应在钢筋与模板间设置垫块，垫块应与钢筋扎紧，并互相错开。非焊接钢筋骨架的多层钢筋之间，应用短钢筋支垫，保证位置准确。钢筋混凝土保护层厚度应符合设计要求。

在浇筑混凝土前，应对已安装好的钢筋及预埋件(钢板、锚固钢筋等)进行检查。

6.1.5 质量检查和质量标准

一、加工钢筋的偏差

加工钢筋的偏差不得超过表6-1-4的规定。

加工钢筋的允许偏差 表6-1-4

项　目	允许偏差(mm)	项　目	允许偏差(mm)
受力钢筋顺长度方向加工后的全长	±10	箍筋、螺旋筋各部分尺寸	±5
弯起钢筋各部尺寸	±20		

二、焊接钢筋的验收和允许偏差

(1)焊接钢筋的质量验收内容和标准应按《公路桥涵施工技术规范》(JTJ 041—2000)附

录 E-2 的规定执行。

（2）焊接钢筋网和焊接骨架的偏差不得超过表 6-1-5 的规定。

焊接网及焊接骨架的允许偏差 表 6-1-5

项　　目	允许偏差（mm）	项　　目	允许偏差（mm）
网的长、宽	±10	骨架的宽及高	±5
网眼的尺寸	±10	骨架的长	±10
网眼的对角线差	10	箍筋间距	0，-20

三、机械接头的施工现场检验与验收

（1）应用钢筋机械连接时，应提交有效的形式检验报告，形式检验应符合现行《钢筋机械连接通用技术规程》（JGJ 107）的规定。

（2）钢筋连接开始前及施工过程中，应对每批进场钢筋进行接头工艺检验，工艺检验应符合下列要求：

①每种规格钢筋的接头试件不应少于 3 根；

②对接头试件的钢筋母材应进行抗拉强度试验；

③3 根接头试件的抗拉强度均应满足《公路桥涵施工技术规范》（JTJ 041—2000）中的强度要求。试件抗拉强度尚应大于等于 0.95 倍钢筋母材的实际抗拉强度。计算实际抗拉强度时，应采用钢筋的实际横截面面积。

（3）现场检验应符合现行《钢筋机械连接通用技术规程》（JGJ 107）、《钢筋锥螺纹接头技术规程》（JCJ l09）、《带肋钢筋套筒挤压连接技术规程》（JCJ 108）的规定。

四、安装钢筋的允许偏差

钢筋的级别、直径、根数和间距均应符合设计要求。绑扎或焊接的钢筋网和钢筋骨架不得有变形、松脱和开焊，钢筋位置的偏差不得超过表 6-1-6 的规定。

钢筋位置允许偏差 表 6-1-6

<table>
<tr><th colspan="3">检 查 项 目</th><th>允许偏差（mm）</th></tr>
<tr><td rowspan="4">受力钢筋间距</td><td colspan="2">两排以上排距</td><td>±5</td></tr>
<tr><td rowspan="2">同排</td><td>梁、板、拱肋</td><td>±10</td></tr>
<tr><td>基础、锚碇、墩台、柱</td><td>±20</td></tr>
<tr><td colspan="2">灌注桩</td><td>±20</td></tr>
<tr><td colspan="3">箍筋、横向水平钢筋、螺旋筋间距</td><td>0，-20</td></tr>
<tr><td colspan="2" rowspan="2">钢筋骨架尺寸</td><td>长</td><td>±10</td></tr>
<tr><td>宽、高或直径</td><td>±5</td></tr>
<tr><td colspan="3">弯起钢筋位置</td><td>±20</td></tr>
<tr><td colspan="2" rowspan="3">保护层厚度</td><td>柱、梁、拱肋</td><td>±5</td></tr>
<tr><td>基础、锚碇、墩台</td><td>±10</td></tr>
<tr><td>板</td><td>±3</td></tr>
</table>

任务 6.2　模板与支架

6.2.1　模板、支架和拱架的一般规定和设计

一、模板、支架和拱架的设计原则

(1)宜优先使用胶合板和钢模板。

(2)在计算荷载作用下,对模板、支架及拱架结构按受力程序分别验算其强度、刚度及稳定性。

(3)模板板面之间应平整,接缝严密,不漏浆,保证结构物外露面美观,线条流畅,可设倒角。

(4)结构简单,制作、装拆方便。

模板、支架和拱架可采用钢材、胶合板、塑料和其他符合设计要求的材料制作。钢材可采用现行国家标准《碳素结构钢》(GB 700)中的标准。浇筑混凝土之前,模板应涂刷脱模剂,外露面混凝土模板的脱模剂应采用同一品种,不得使用废机油等油料,且不得污染钢筋及混凝土的施工缝处。重复使用的模板、支架和拱架应经常检查、维修。

二、模板、支架和拱架设计的一般要求

(1)模板、支架和拱架的设计,应根据结构形式、设计跨径、施工组织设计、荷载大小、地基土类别及有关的设计、施工规范进行。

(2)绘制模板、支架和拱架总装图、细部构造图。

(3)制订模板、支架和拱架结构的安装、使用、拆卸保养等有关技术安全措施和注意事项。

(4)编制模板、支架及拱架材料数量表。

(5)编制模板、支架及拱架设计说明书。

三、设计荷载

(1)计算模板、支架和拱架时,应考虑下列荷载并按表 6-2-1 进行荷载组合。

①模板、支架和拱架自重;

②新浇筑混凝土、钢筋混凝土或其他圬工结构物的重力;

③施工人员和施工材料、机具等行走运输或堆放的荷载;

④振捣混凝土时产生的荷载;

⑤新浇筑混凝土对侧面模板的压力;

⑥倾倒混凝土时产生的水平荷载;

⑦其他可能产生的荷载,如雪荷载、冬季保温设施荷载等。

普通模板荷载计算见《公路桥涵施工技术规范》(JTJ 041—2000)附录。

(2)钢、木模板,支架及拱架的设计,可按《公路桥涵钢结构及木结构设计规范》(JTJ 025—86)的有关规定执行。

(3)计算模板、支架和拱架的强度和稳定性时,应考虑作用在模板、支架和拱架上的风力。

设于水中的支架，尚应考虑水流压力、流冰压力和船只漂流物等冲击力荷载。

模板、支架和拱架设计计算的荷载组合 表 6-2-1

模板结构名称	荷载组合	
	计算强度用	验算刚度用
梁、板和拱的底模板以及支承板、支架及拱等	①+②+③+④+⑦	①+②+⑦
缘石、人行道、栏杆、柱、梁、板、拱等的侧模板	④+⑤	⑤
基础、墩台等厚大建筑物的侧模板	⑤+⑥	⑤

（4）组合箱形拱，如系就地浇筑，其支架和拱架的设计荷载可只考虑承受拱肋重力及施工操作时的附加荷载。

四、稳定性要求

（1）支架的立柱应保持稳定，并用撑拉杆固定。当验算模板及其支架在自重和风荷载等作用下的抗倾倒稳定时，验算倾覆的稳定系数不得小于 1.3。

（2）支架受压构件纵向弯曲系数可按《公路桥涵钢结构及木结构设计规范》（JTJ 025—86）进行计算。

五、强度及刚度要求

（1）验算模板、支架及拱架的刚度时，其变形值不得超过下列数值：

①结构表面外露的模板，挠度为模板构件跨度的 1/400；

②结构表面隐蔽的模板，挠度为模板构件跨度的 1/250；

③支架、拱架受载后挠曲的杆件（盖梁、纵梁），其弹性挠度为相应结构跨度的 1/400；

④钢模板的面板变形为 1.5mm；

⑤钢模板的钢棱和柱箍变形为 $L/500$ 和 $B/500$（其中，L 为计算跨径，B 为柱宽）。

（2）拱架各截面的应力验算，根据拱架结构形式及所承受的荷载，验算拱顶、拱脚及 1/4 跨各截面的应力，铁件及节点的应力，同时应验算分阶段浇筑或砌筑时的强度及稳定性。验算时不论板拱架或桁拱架，均作为整体截面考虑，验算倾覆稳定系数不得小于 1.3。

6.2.2 模板的制作、安装及质量检验

一、钢模板制作

（1）钢模板宜采用标准化的组合模板。组合钢模板的拼装应符合现行国家标准《组合钢模板技术规范》（GB 214）。各种螺栓连接件应符合国家现行有关标准。

（2）钢模板及其配件应按批准的加工图加工，成品经检验合格后方可使用。

二、木模板制作

（1）木模可在工厂或施工现场制作，木模与混凝土接触的表面应平整、光滑，多次重复使用的木模应在内侧加钉薄铁皮。木模的接缝可做成平缝、搭接缝或企口缝。当采用平缝时，应采取措施防止漏浆。木模的转角处应加嵌条或做成斜角。

（2）重复使用的模板应始终保持其表面平整、形状准确，不漏浆，有足够的强度和刚度。

三、其他材料模板制作

(1)钢框覆面胶合板模板的板面组配宜采取错缝布置,支撑系统的强度和刚度应满足要求。吊环应采用Ⅰ级钢筋制作,严禁使用冷加工钢筋,吊环计算拉应力不应大于50MPa。

(2)高分子合成材料面板、硬塑料或玻璃钢模板,制作接缝必须严密,边肋及加强肋安装牢固,与模板成一整体。施工时安放在支架的横梁上,以保证承载能力及稳定。

(3)圬工外模。

①土胎模制作的场地必须坚实、平整,底模必须拍实找平,土胎模表面应光滑,尺寸准确,表面应涂隔离剂。

②砖胎模与木模配合时,砖做底模,木做侧模,砖与混凝土接触面应抹面,表面抹隔离剂。

③混凝土胎模制作时保证尺寸准确,表面抹隔离剂。

(4)土牛拱胎。在条件适宜处,可使用土牛拱胎。制作时应有排水设施,土石应分层夯实,密实度不得小于90%,拱顶部分选用含水率适宜的黏土。土牛拱胎的尺寸、高程应符合设计要求。

四、模板安装的技术要求

(1)模板与钢筋安装工作应配合进行,妨碍绑扎钢筋的模板应待钢筋安装完毕后安设。模板不应与脚手架连接(模板与脚手架整体设计时除外),避免引起模板变形。

(2)安装侧模板时,应防止模板移位和凸出。基础侧模可在模板外设立支撑固定,墩、台、梁的侧模可设拉杆固定。浇筑在混凝土中的拉杆,应按拉杆拔出或不拔出的要求,采取相应的措施。对小型结构物,可使用金属线代替拉杆。

(3)模板安装完毕后,应对其平面位置、顶部高程、节点联系及纵横向稳定性进行检查,签认后方可浇筑混凝土。浇筑时,发现模板有超过允许偏差变形值的可能时,应及时纠正。

(4)模板在安装过程中,必须设置防倾覆设施。

(5)当结构自重和汽车荷载(不计冲击力)产生的向下挠度超过跨径的1/1 600时,钢筋混凝土梁、板的底模板应设预拱度,预拱度值应等于结构自重和1/2汽车荷载(不计冲击力)所产生的挠度。纵向预拱度可做成抛物线或圆曲线。

(6)后张法预应力梁、板,应注意预应力、自重和汽车荷载等综合作用下所产生的上拱或下挠,应设置适当的预挠或预拱。

五、滑升、提升、爬升及翻转模板的技术要求

(1)滑升模板适用于较高的墩台和吊桥、斜拉桥的索塔施工。采用滑升模板时,除应遵守现行《液压滑动模板施工技术规范》(GBJ 113)外,还应遵守下列规定:

①滑升模板的结构应有足够的强度、刚度和稳定性,模板高度宜根据结构物的实际情况确定,滑升模板的支承杆及提升设备应能保证模板竖直均衡上升。滑升时应检测并控制模板位置,滑升速度宜为100~300mm/h。

②滑升模板组装时,应使各部尺寸的精度符合设计要求。组装完毕须经全面检查试验后,才能进行浇筑。

③滑升模板施工应连续进行,如因故中断,在中断前应将混凝土浇筑齐平。中断期间模板仍应继续缓慢地提升,直到混凝土与模板不至黏住时为止。

(2)提升模板、提升模架其结构应满足使用要求。大块模板应用整体钢模板,加劲肋在满足刚度需要的基础上应进行加强,以满足使用要求。

(3)爬升及翻转模板、模架在爬升或翻转时结构的混凝土强度必须满足拆模时的强度要求。

模板、支架和拱架制作应根据设计要求确定模板的形式及精度要求,在设计无规定时,可按表 6-2-2 执行。

模板、支架及拱架制作时的允许偏差 表 6-2-2

<table>
<tr><th colspan="3">项　　目</th><th>允许偏差(mm)</th></tr>
<tr><td rowspan="9">木模板制作</td><td colspan="2">模板的长度和宽度</td><td>±5</td></tr>
<tr><td colspan="2">不刨光模板相邻两板表面高低差</td><td>3</td></tr>
<tr><td colspan="2">刨光模板相邻两板表面高低差</td><td>1</td></tr>
<tr><td rowspan="2">平板模板表面最大的局部不平</td><td>刨光模板</td><td>3</td></tr>
<tr><td>不刨光模板</td><td>5</td></tr>
<tr><td colspan="2">拼合板中木板间的缝隙宽度</td><td>2</td></tr>
<tr><td colspan="2">支架、拱架尺寸</td><td>±5</td></tr>
<tr><td colspan="2">榫槽嵌接紧密度</td><td>2</td></tr>
<tr><td rowspan="8">钢模板制作</td><td rowspan="2">外形尺寸</td><td>长和高</td><td>0,-1</td></tr>
<tr><td>肋高</td><td>±5</td></tr>
<tr><td colspan="2">面板端偏斜</td><td>≤0.5</td></tr>
<tr><td rowspan="3">连接配件(螺栓、卡子等)的孔眼位置</td><td>孔中心与板面的间距</td><td>±0.3</td></tr>
<tr><td>板端中心与板端的间距</td><td>0,-0.5</td></tr>
<tr><td>沿板长、宽方向的孔</td><td>±0.6</td></tr>
<tr><td colspan="2">板面局部不平</td><td>1.0</td></tr>
<tr><td colspan="2">板面和板侧挠度</td><td>±1.0</td></tr>
</table>

注:①木模板中第 5 项已考虑木板干燥后在拼合板中发生缝隙的可能。2mm 以下的缝隙,可在浇筑前浇湿模板,使其密合。

②板面局部不平用 2m 靠尺、塞尺检测。

模板、支架和拱架安装的允许偏差,在设计无要求时,应符合表 6-2-3 的规定。

模板、支架及拱架安装的允许偏差 表 6-2-3

<table>
<tr><th colspan="2">项　　目</th><th>允许偏差(mm)</th></tr>
<tr><td rowspan="3">模板高程</td><td>基础</td><td>±15</td></tr>
<tr><td>柱、墙和梁</td><td>±10</td></tr>
<tr><td>墩台</td><td>±10</td></tr>
<tr><td rowspan="3">模板内部尺寸</td><td>上部构造的所有构件</td><td>+5,0</td></tr>
<tr><td>基础</td><td>±30</td></tr>
<tr><td>墩台</td><td>±20</td></tr>
<tr><td rowspan="4">轴线偏位</td><td>基础</td><td>15</td></tr>
<tr><td>柱或墙</td><td>8</td></tr>
<tr><td>梁</td><td>10</td></tr>
<tr><td>墩台</td><td>10</td></tr>
</table>

续上表

项　　目		允许偏差(mm)
装配式构件支承面的高程		+2，-5
模板相邻两板表面高低差		2
模板表面平整		5
预埋件中心线位置		3
预留孔洞中心线位置		10
预留孔洞截面内部尺寸		+10,0
支架和拱架	纵轴的平面位置	跨度的1/1 000或30
	曲线形拱架的高程(包括建筑拱度在内)	+20，-10

6.2.3 模板、支架和拱架的拆除

一、拆除的原则及期限规定

模板、支架和拱架的拆除期限应根据结构物特点、模板部位和混凝土所达到的强度来决定。

(1)非承重侧模板应在混凝土强度能保证其表面及棱角不致因拆模而受损坏时方可拆除，一般应在混凝土抗压强度达到2.5MPa时方可拆除侧模板。

(2)芯模和预留孔道内模，应在混凝土强度能保证其表面不发生塌陷和裂缝现象时，方可拔除，拔除时间可按《公路桥涵施工技术规范》(JTJ 041—2000)的有关规定确定。采用胶囊做芯模时，其拔除时间可按《公路桥涵施工技术规范》(JTJ 041—2000)的有关规定办理。

(3)钢筋混凝土结构的承重模板、支架和拱架，应在混凝土强度能承受其自重力及其他可能的叠加荷载时，方可拆除。当构件跨度不大于4m时，在混凝土强度符合设计强度标准值的50%的要求后，方可拆除；当构件跨度大于4m时，在混凝土强度符合设计强度标准值的75%的要求后，方可拆除。

如设计上对拆除承重模板、支架、拱架另有规定，应按照设计规定执行。

二、拆除时的技术要求

(1)模板拆除应按设计的顺序进行，设计无规定时，应遵循先支后拆，后支先拆的顺序，拆时严禁抛扔。

(2)卸落支架和拱架应按拟订的卸落程序进行，分几个循环卸完，卸落量开始宜小，以后逐渐增大。在纵向应对称均衡卸落，在横向应同时一起卸落。在拟订卸落程序时应注意以下几点：

①在卸落前应在卸架设备上画好每次卸落量的标记。

②满布式拱架卸落时，可从拱顶向拱脚依次循环卸落；拱式拱架可在两支座处同时均匀卸落。

③简支梁、连续梁宜从跨中向支座依次循环卸落；悬臂梁应先卸挂梁及悬臂的支架，再卸无铰跨内的支架。

④多孔拱桥卸架时,若桥墩允许承受单孔施工荷载,可单孔卸落,否则应多孔同时卸落,或各连续孔分阶段卸落。

⑤卸落拱架时,应设专人用仪器观测拱圈挠度和墩台变化情况,并详细记录。另设专人观察是否有裂缝现象。

(3)墩、台模板宜在其上部结构施工前拆除。拆除模板、卸落支架和拱架时,不允许用猛烈地敲打和强扭等方法进行。

(4)模板、支架和拱架拆除后,应维修整理,分类妥善存放。

6.2.4 混凝土拌和及浇筑工艺质量控制

一、拌制混凝土配料

拌制混凝土配料时,各种衡器应保持准确。对集料的含水率应经常进行检测,雨天施工应增加测定次数,据以调整集料和水的用量。配料数量的允许偏差(以质量计)见表6-2-4。

配料数量允许偏差 表6-2-4

材料类别	允许偏差(%)	
	现场拌制	预制场或集中搅拌站拌制
水泥、混合材料	±2	±1
粗、细集料	±3	±2
水、外加剂	±2	±1

放入拌和机内的第一盘混凝土材料应含有适量的水泥、砂和水,以覆盖拌和筒的内壁而不降低拌和物所需的含浆量。每一工作班正式称量前,应对计量设备进行重点校核。计量器具应定期检定,经大修、中修或迁移至新的地点后,也应进行检定。

混凝土应使用机械搅拌,零星工程的塑性混凝土也可用人工拌和。用机械搅拌时,自全部材料装入搅拌筒至开始出料的最短搅拌时间应按设备出厂说明书的规定,并经试验确定,且不得低于表6-2-5的规定。

混凝土最短搅拌时间 表6-2-5

搅拌机类别	搅拌机容量(L)	混凝土坍落度(—)		
		<30	30~70	>70
		混凝土最短搅拌时间(min)		
自落式	≤400	2.0	1.5	1.0
	≤800	2.5	2.0	1.5
	≤1 200	—	2.5	1.5
强制式	≤400	1.5	1.0	1.0
	≤1 500	2.5	1.5	1.5

注:①搅拌细砂混凝土或掺有外加剂的混凝土时,搅拌时间应适当延长1~2min。

②外加剂应先调成适当浓度的溶液再掺入。

③搅拌机装料数量(装入粗集料、细集料、水泥等松体积的总数)不应大于搅拌机标定容量的110%。

④搅拌时间不宜过长,每一工作班至少应抽查两次。

⑤表列时间为从搅拌加水算起。

⑥当采用其他形式的搅拌设备时,搅拌的最短时间应按设备说明书的规定或经试验确定。

二、检查混凝土拌和物的均匀性

对于在施工现场集中搅拌的混凝土应检查混凝土拌和物的均匀性。

(1)混凝土拌和物应拌和均匀,颜色一致,不得有离析和泌水现象。

(2)混凝土拌和物均匀性的检测方法应按现行国家标准《混凝土搅拌机技术条件》(GB 9142)的规定进行。

(3)检查混凝土拌和物均匀性时,应在搅拌机的卸料过程中,从卸料流的1/4至3/4之间部位,采取试样,进行试验,其检测结果应符合下列规定:

①混凝土中砂浆密度两次测值的相对误差不应大于0.8%;

②单位体积混凝土中粗集料含量两次测值的相对误差不应大于5%。

三、检测混凝土拌和物的各项性能

混凝土搅拌完毕后应检测混凝土拌和物的各项性能。

(1)混凝土拌和物的坍落度,应在搅拌地点和浇筑地点分别取样检测,每一工作班或每一单元结构物不应少于两次。评定时应以浇筑地点的测值为准。如混凝土拌和物从搅拌机出料起至浇筑入模的时间不超过15min时,其坍落度可仅在搅拌地点取样检测。在检测坍落度时,还应观察混凝土拌和物的黏聚性和保水性。

(2)根据需要还应检测混凝土拌和物的其他质量指标并应符合其他规定。

掺用高效减水剂或速凝剂且混凝土运距较远时,可运至浇筑地点再掺入重拌。

四、混凝土浇筑的一般要求

(1)浇筑混凝土前,应对支架、模板、钢筋和预埋件进行检查,并做好记录,符合设计要求后方可浇筑。模板内的杂物、积水和钢筋上的污垢应清理干净。模板如有缝隙,应填塞严密,模板内面应涂刷脱模剂。浇筑混凝土前,应检查混凝土的均匀性和坍落度。

(2)自高处向模板内倾卸混凝土时,为防止混凝土离析,应符合下列规定:

①从高处直接倾卸时,其自由倾落高度不宜超过2m,以不发生离析为度。

②当倾落高度超过2m时,应通过串筒、溜管或振动溜管等设施下落;倾落高度超过10m时,应设置减速装置。

③在串筒出料口下面,混凝土堆积高度不宜超过1m。

(3)混凝土应按一定厚度、顺序和方向分层浇筑,应在下层混凝土初凝或能重塑前浇筑完成上层混凝土。上下层同时浇筑时,上层与下层前后浇筑距离应保持1.5m以上。在倾斜面上浇筑混凝土时,应从低处开始逐层扩展升高,保持水平分层。混凝土分层浇筑厚度不宜超过表6-2-6的规定。

混凝土分层浇筑厚度 表6-2-6

捣实方法		浇筑层厚度(mm)
用插入式振动器		300
用附着式振动器		300
用表面振动器	无筋或配筋稀疏时	250
	配筋较密时	150

续上表

捣实方法		浇筑层厚度(mm)
人工捣实	无筋或配筋稀疏时	200
	配筋较密时	150

注:表列规定可根据结构物和振动器型号等情况适当调整。

(4)浇筑混凝土时,除少量塑性混凝土可用人工捣实外,宜采用振动器振实。用振动器振捣时,应符合下列规定:

①使用插入式振动器时,移动间距不应超过振动器作用半径的1.5倍;与侧模应保持50~100mm的距离;插入下层混凝土50~100mm;每一处振动完毕后应边振动边徐徐提出振动棒;应避免振动棒碰撞模板、钢筋及其他预埋件。

②表面振动器的移位间距,应以使振动器平板能覆盖已振实部分100mm左右为宜。

③附着式振动器的布置距离,应根据构造物形状及振动器性能等情况并通过试验确定。

④对每一振动部位,必须振动到该部位混凝土密实为止。密实的标志是混凝土停止下沉,不再冒出气泡,表面平坦、泛浆。

(5)混凝土的浇筑应连续进行,如因故必须间断时,其间断时间应小于前层混凝土的初凝时间或能重塑的时间。混凝土的运输、浇筑及间歇的全部时间不得超过表6-2-7的规定。当需要超过时应预留施工缝。

混凝土的运输、浇筑及间歇的全部允许时间(min) 表6-2-7

混凝土强度等级	气温不高于25℃	气温高于25℃
≤C30	210	180
>C30	180	150

注:当混凝土中掺有促凝或缓凝剂时,其允许时间应根据试验结果确定。

(6)施工缝的位置应在混凝土浇筑之前确定,宜留置在结构受剪力和弯矩较小且便于施工的部位,并应按下列要求进行处理。

①应凿除处理层混凝土表面的水泥砂浆和松弱层,但凿除时,处理层混凝土须达到下列强度:

a. 用水冲洗凿毛时,须达到0.5MPa;

b. 用人工凿除时,须达到2.5MPa;

c. 用风动机凿毛时,须达到10MPa。

②经凿毛处理的混凝土面,应用水冲洗干净,在浇筑次层混凝土前,对垂直施工缝宜刷一层水泥净浆,对水平缝宜铺一层厚为10~20mm的1:2的水泥砂浆。

③重要部位及有防震要求的混凝土结构或钢筋稀疏的钢筋混凝土结构,应在施工缝处补插锚固钢筋或石榫;有抗渗要求的施工缝宜做成凹形、凸形或设置止水带。

④施工缝为斜面时应浇筑成或凿成台阶状。

⑤施工缝处理后,须待处理层混凝土达到一定强度后才能继续浇筑混凝土。需要达到的强度,一般最低为1.2MPa,当结构物为钢筋混凝土时,不得低于2.5MPa。混凝土达到上述抗压强度的时间宜通过试验确定,如无试验资料,可参见《公路桥涵施工技术规范》(JTJ 041—2000)附录F-5。

(7)在浇筑过程中或浇筑完成时,如混凝土表面泌水较多,须在不扰动已浇筑混凝土的条件下，采取措施将水排除。继续浇筑混凝土时，应查明原因，采取措施，减少泌水。

(8)结构混凝土浇筑完成后，对混凝土裸露面应及时进行修整、抹平，待定浆后再抹第二遍并压光或拉毛。当裸露面面积较大或气候不良时，应加盖防护，但在开始养生前，覆盖物不得接触混凝土面。

(9)浇筑混凝土期间，应设专人检查支架、模板、钢筋和预埋件等稳固情况，当发现有松动、变形、移位时，应及时处理。

(10)浇筑混凝土时，应填写混凝土施工记录。

五、墩台混凝土的浇筑

(1)对墩台基底的处理，除应符合天然地基的有关规定外，尚应符合下列规定：

①基底为非黏性土或干土时，应将其润湿。

②基面为岩石时，应加以润湿，铺一层厚20～30mm的水泥砂浆，然后于水泥砂浆凝结前浇筑第一层混凝土。

(2)一般墩台及基础混凝土，应在整个平截面范围内水平分层进行浇筑。

(3)较大体积的混凝土墩台及其基础，在混凝土中埋放石块时应符合下列规定：

①可埋放厚度不小于150mm的石块，埋放石块的数量不宜超过混凝土结构体积的25%。

②应选用无裂纹、无夹层且未被烧过的、具有抗冻性能的石块。

③石块的抗压强度不应低于30MPa及混凝土的强度。

④石块应清洗干净，应在捣实的混凝土中埋入一半左右。

⑤石块应分布均匀，净距不小于100mm，距结构侧面和顶面的净距不小于150mm，石块不得接触钢筋和预埋件。

⑥受拉区混凝土或当气温低于0℃时，不得埋放石块。

(4)采用滑升模板浇筑墩台混凝土时，应符合下列规定：

①宜采用低流动度或半干硬性混凝土。

②浇筑应分层分段进行，各段应浇筑到距模板上口不小于10～150mm的位置为止。若为排柱式墩台，各立柱应保持进度一致。

③应采用插入式振动器振捣。

④为加速模板提升，可掺入一定数量的早强剂。

⑤在滑升中须防止千斤顶或油管接头在混凝土或钢筋处漏油。

⑥每一整体结构的浇筑应连续进行，若因故中途停工，应按施工缝处理。

⑦混凝土脱模时的强度宜为0.2～0.5MPa，脱模后如表面有缺陷时，应及时予以修理。

(5)大体积墩台基础混凝土，当平截面过大，不能在前层混凝土初凝或能重塑前浇筑完成次层混凝土时，可分块进行浇筑。分块浇筑时应符合下列规定：

①分块宜合理布置，各分块平均面积不宜小于50m²。

②每块高度不宜超过2m。

③块与块间的竖向接缝面应与基础平截面短边平行，与平截面长边垂直。

④上下邻层混凝土间的竖向接缝，应错开位置做成企口，并按施工缝处理。

(6)大体积混凝土的浇筑应在一天中气温较低时进行。应参照下述方法控制混凝土的水化热温度：

①用改善集料级配、降低水灰比、掺加混合料、掺加外加剂等方法减少水泥用量。

②采用水化热低的大坝水泥、矿渣水泥、粉煤灰水泥或低强度水泥。

③减小浇筑层厚度,加快混凝土散热速度。

④混凝土用料要遮盖,避免日光曝晒,并用冷却水搅拌混凝土,以降低入仓温度。

⑤在混凝土内埋设冷却管通水冷却。

⑥在遇气温骤降的天气或寒冷季节浇筑混凝土后,应注意覆盖保温,加强养生。

六、实施混凝土质量控制的规定

(1)通过对原材料的质量检验与控制、混凝土配合比的确定与控制、混凝土生产和施工过程各工序的质量检验与控制,以及合格性检验控制,使混凝土的质量符合规定要求。

(2)在施工过程中应进行质量检测,应用各种质量管理图表,掌握动态信息,控制整个生产和施工期间的混凝土质量,制订保证质量的措施,完善质量控制过程。

(3)必须配备相应的技术人员和必要的检验及试验设备,建立和健全必要的技术管理与质量控制制度。

七、质量检验

(1)各种材料、各工程项目和各个工序,应经常进行检验,保证符合设计和施工技术规范的要求。检验项目和次数应符合下列规定。

①浇筑混凝土前的检验:

a. 施工设备和场地;

b. 混凝土组成材料及配合比(包括外加剂);

c. 混凝土凝结速度等性能;

d. 基础、钢筋、预埋件等隐蔽工程及支架、模板;

e. 养护方法及设施,安全设施。

②拌制和浇筑混凝土时的检验:

a. 混凝土组成材料的外观及配料、拌制,每一工作班至少 2 次,必要时随时抽样试验;

b. 混凝土的和易性(坍落度等)每工作班至少 2 次;

c. 砂石材料的含水率,每日开工前 1 次,气候有较大变化时随时检测;当含水率变化较大、将使配料偏差超过规定时,应及时调整;

d. 钢筋、模板、支架等的稳固性和安装位置;

e. 混凝土的运输、浇筑方法和质量;

f. 外加剂使用效果;

g. 制取混凝土试件。

③浇筑混凝土后的检验:

a. 养护情况;

b. 混凝土强度,拆模时间;

c. 混凝土外露面或装饰质量。

④结构外形尺寸、位置、变形和沉降。

(2)隐蔽工程检查、分部工程检查、工程变更设计、施工技术修改、施工方案变更、质量事故的发生和处理等事项,应按有关规定及时通知有关人员。

(3)对混凝土的强度,应制取试件检验其在标准养护条件下 28d 龄期的抗压极限强度。

试件制取组数应符合下列规定：

①不同强度及不同配合比的混凝土应分别制取试件，试件应在浇筑地点或拌和地点随机制取。

②浇筑一般体积的结构物（如基础、墩台等）时，每一单元结构物应制取2组。

③连续浇筑大体积结构物混凝土时，每80～200m^3或每一工作班应制取2组。

④每片梁长16m以下应制取1组，16～30m制取2组，31～50m制取3组，50m以上者不少于5组。

⑤就地浇筑混凝土小桥涵，每一座或每一工作班制取不少于2组；当原材料和配合比相同，并由同一拌和站拌制时，可几座合并制取2组。

(4)应根据施工需要，制取与结构物同条件养护的试件作为考核结构混凝土在拆模、出池、吊装、预施应力、承受荷载等阶段强度的依据。

八、质量标准

(1)混凝土抗压强度应以标准条件下养护28d龄期试件的抗压强度进行评定，其合格条件如下：

①应以强度等级相同、龄期相同以及生产工艺条件和配合比相同的混凝土组成同一验收批，同一验收批的混凝土强度应以同批内所有各组标准尺寸试件的强度测定值（当为非标准尺寸试件时应进行强度换算）为代表值。

②大桥等重要工程及中小桥、涵洞工程的试件大于或等于10组时，应以数理统计方法按下述条件评定：

$$R_n - K_1 S_n \geqslant 0.9R \tag{6-2-1}$$

$$R_{min} \geqslant K_2 R \tag{6-2-2}$$

式中：R_n——同批n组试件强度的平均值（MPa）；

S_n——同批n组试件强度的标准差（MPa），当$S_n < 0.06R$时，取$S_n = 0.06R$；

R——设计的混凝土强度等级（MPa）；

R_{min}——n组试件中强度最低一组的值（MPa）；

K_1、K_2——合格判定系数，见表6-2-8。

K_1、K_2的值 表6-2-8

n	10～14	15～24	≥25
K_1	1.70	1.65	1.60
K_2	0.9	0.85	

中小桥及涵洞等工程，同批混凝土试件少于10组时，可用非统计方法按下述条件进行评定：

$$R_n \geqslant 1.15R \tag{6-2-3}$$

$$R_{min} \geqslant 0.95R \tag{6-2-4}$$

(2)当混凝土强度按试件强度进行评定达不到合格条件时，可采用钻取试样或以无损检测法查明结构实际混凝土的抗压强度和浇筑质量，如仍有不合格，应由有关单位共同研究处理。

(3)结构混凝土应符合下列规定：

①表面应密实、平整。

②如有蜂窝、麻面,其面积不超过结构同侧面积的0.5%。

③如有裂缝,其宽度不得大于设计规范的有关规定。

④预制桩桩顶、桩尖等重要部位无掉边或蜂窝、麻面。

⑤小型构件无翘曲现象。

⑥对蜂窝、麻面、掉角等缺陷,应凿除松弱层,用钢丝刷清理干净,用压力水冲洗、湿润,再用较高强度的水泥砂浆或混凝土填塞捣实,覆盖养护;用环氧树脂等胶凝材料修补时,应先经试验验证。

⑦如有严重缺陷,影响结构性能时,应分析情况,研究处理。

(4)混凝土和钢筋混凝土结构物的位置及外形尺寸允许偏差应符合相关规范的有关规定。

(5)抹灰工程应符合下列规定:

①一般抹灰成分、颜色必须一致,黏结牢固,不得有脱层、空鼓、掉角等现象。

②水刷石必须石粒清晰、分布均匀、平整密实,不得有掉粒和接茬痕迹。

③水磨石必须表面平整、光滑,石子显露均匀,格条位置正确,不得有砂眼、磨纹和漏磨。

④剁斧石必须剁纹均匀,深浅一致,棱角完整。

⑤干粘石必须石粒分布均匀,黏结牢固,不露浆,不漏黏,阳角处不得有明显的黑边。

⑥拉毛灰必须花纹、斑点分布均匀,同一平面上不显接茬。

⑦抹灰允许偏差见表6-2-9和表6-2-10。

一般抹灰允许偏差 表6-2-9

项　　目	允许偏差(mm)	项　　目	允许偏差(mm)
平整度	5	墙面平整度	5
阴阳角方正	5		

装饰抹灰允许偏差 表6-2-10

项　　目	允许偏差(mm)			
	水磨石	水刷石	剁碎石	干粘石
平整度	2	4	4	5
阴阳角方正	2	4	4	4
墙面平整度	3	5	5	5
分格条平直	2	5	5	5

任务6.3　预应力钢筋质量控制

6.3.1　施加预应力

一、机具及设备

施加预应力所用的机具设备及仪表应由专人使用和管理,并应定期维护和校验。千斤顶与压力表应配套校验，以确定张拉力与压力表之间的关系曲线，校验应在经主管部门授权的法定计量技术机构定期进行。

张拉机具设备应与锚具配套使用，并应在进场时进行检查和校验。对长期不使用的张拉机具设备，应在使用前进行全面校验。使用期间的校验期限应视机具设备的情况确定，当千斤顶使用超过6个月或在使用过程中出现不正常现象或检修以后应重新校验。弹簧测力计的校验期限不宜超过2个月。

二、施加预应力的准备工作

（1）对力筋施加预应力之前，必须完成或检验以下工作：

①施工现场应具备经批准的张拉程序和现场施工说明书；

②现场已有具备预应力施工知识和正确操作的施工人员；

③锚具安装正确，对后张构件，混凝土已达到要求的强度；

④施工现场已具备确保全体操作人员和设备安全的必要的预防措施。

（2）实施张拉时，应使千斤顶的张拉力作用线与预应力筋的轴线重合一致。

三、张拉应力控制

（1）预应力筋的张拉控制应力应符合设计要求。当施工中预应力筋需要超张拉或计入锚圈口预应力损失时，可比设计要求提高5%，但在任何情况下不得超过设计规定的最大张拉控制应力。

（2）预应力筋采用应力控制方法张拉时，应以伸长值进行校核，实际伸长值与理论伸长值的差值应符合设计要求，设计无规定时，实际伸长值与理论伸长值的差值应控制在6%以内，否则应暂停张拉，待查明原因并采取措施予以调整后，方可继续张拉。

（3）预应力筋的理论伸长值ΔL（mm）可按式（6-3-1）计算：

$$\Delta L = \frac{P_P L}{A_P E_P} \tag{6-3-1}$$

式中：P_P——预应力筋的平均张拉力（N），直线筋取张拉端的拉力，两端张拉的曲线筋，计算方法见《公路桥涵施工技术规范》（JTJ 041—2000）附录G-8；

L——预应力筋的长度（mm）；

A_P——预应力筋的截面面积（mm^2）；

E_P——预应力筋的弹性模量（N/mm^2）。

（4）预应力筋张拉时，应先调整到初应力，该初应力宜为张拉控制应力σ_{con}的10%～15%，伸长值应从初应力时开始量测。力筋的实际伸长值除量测的伸长值外，必须加上初应力以下的推算伸长值。对后张法构件，在张拉过程中产生的弹性压缩值一般可省略。

预应力筋张拉的实际伸长值ΔL（mm），可按式（6-3-2）计算：

$$\Delta L = \Delta L_1 + \Delta L_2 \tag{6-3-2}$$

式中：ΔL_1——从初应力至最大张拉应力间的实测伸长值（mm）；

ΔL_2——初应力以下的推算伸长值（mm），可采用相邻级的伸长值。

（5）必要时，应对锚圈口及孔道摩阻损失进行测定，张拉时予以调整。锥形锚具摩阻损失值的测定方法可参见《公路桥涵施工技术规范》（JTJ 041—2000）附录。

（6）预应力筋的锚固，应在张拉控制应力处于稳定状态下进行。锚固阶段张拉端预应力筋的内缩量,应不大于设计规定或不大于表6-3-1所列容许值。

锚具变形、预应力筋回缩和接缝压缩容许值(mm) 表6-3-1

锚具、接缝类型		变形形式	容许值 ΔL
钢制锥形锚具		力筋回缩、锚具变形	6
夹片式锚具(用于预应力钢绞线)		力筋回缩、锚具变形	6
镦头锚具		缝隙压密	1
JM15锚具	用于预应力钢丝时	力筋回缩、锚具变形	3
	用于预应力钢绞线时		6
粗钢筋锚具(用于精轧螺纹钢筋)		力筋回缩、锚具变形	1
每块后加垫板的缝隙		缝隙压密	1
水泥砂浆接缝		缝隙压密	1
环氧树脂砂浆接缝		缝隙压密	1

(7)预应力筋张拉及放松时,均应填写施工记录。

6.3.2 后张法的相关规定

一、后张法预留孔道的控制

(1)预应力筋预留孔道的尺寸与位置应正确,孔道应平顺,端部的预埋钢垫板应垂直于孔道中心线。

(2)管道应采用定位钢筋固定安装,使其能牢固地置于模板内的设计位置,并在混凝土浇筑期间不产生位移。固定各种成孔管道用的定位钢筋的间距,对于钢管不宜大于1m;对于波纹管不宜大于0.8m;对于胶管不宜大于0.5m;对于曲线管道宜适当加密。

(3)金属管道接头处的连接管宜采用大一个直径级别的同类管道,其长度宜为被连接管道内径的5~7倍。连接时应不使接头处产生角度变化及在混凝土浇筑期间发生管道的转动或移位,并应缠裹紧密防止水泥浆的渗入。

(4)所有管道均应设压浆孔,还应在最高点设排气孔及需要时在最低点设排水孔。压浆管、排气管和排水管应是最小内径为20mm的标准管或适宜的塑性管,与管道之间的连接应采用金属或塑料结构扣件,长度应足以从管道引出结构物以外。

(5)管道在模板内安装完毕后,应将其端部盖好,防止水或其他杂物进入。

二、预应力筋安装相关规定

(1)预应力筋可在浇筑混凝土之前或之后穿入管道,对钢绞线,可将一根钢束中的全部钢绞线编束后整体装入管道中,也可逐根将钢绞线穿入管道。穿束前应检查锚垫板和孔道,锚垫板应位置准确,孔道内应畅通,无水和其他杂物。

(2)预应力筋安装后的保护。

①对在混凝土浇筑及养生之前安装在管道中但在下列规定时限内没有压浆的预应力筋,应采取防止锈蚀或其他防腐蚀的措施,直至压浆。

不同暴露条件下,未采取防腐蚀措施的力筋在安装后至压浆时的容许间隔时间如下:

空气湿度大于70%或盐分过大时，为7d；

空气湿度为40% ~70%时，为15d；

空气湿度小于40%时，为20d。

②在力筋安装在管道中后，管道端部开口应密封以防止湿气进入。采用蒸汽养生时，在养生完成之前不应安装力筋。

③在任何情况下，当在安装有预应力筋的构件附近进行电焊时，对全部预应力筋和金属件均应进行保护，防止溅上焊渣或造成其他损坏。

(3)对在混凝土浇筑之前穿束的管道，力筋安装完成后，应进行全面检查，以查出可能被损坏的管道。在混凝土浇筑之前，必须将管道上一切非有意留的孔、开口或损坏之处修复，并应检查力筋能否在管道内自由滑动。

三、后张法张拉的控制

(1)对力筋施加预应力之前，应对构件进行检验，外观和尺寸应符合质量标准要求。张拉时，构件的混凝土强度应符合设计要求，设计未规定时，不应低于设计强度等级值的75%。

(2)预应力筋的张拉顺序应符合设计要求，当设计未规定时，可采取分批、分阶段对称张拉。

(3)应使用能张拉多根钢绞线或钢丝的千斤顶同时对每一钢束中的全部力筋施加应力，但对扁平管道中不多于4根的钢绞线除外。

(4)预应力筋张拉端的设置应符合设计要求，当设计无具体要求时，应符合下列规定：

①对曲线预应力筋或长度大于等于25m的直线预应力筋，宜在两端张拉；对长度小于25m的直线预应力筋，可在一端张拉。

②曲线配筋的精轧螺纹钢筋应在两端张拉，直线配筋的可在一端张拉。

③当同一截面中有多束一端张拉的预应力筋时，张拉端宜分别设置在构件的两端。预应力筋采用两端张拉时，可先在一端张拉锚固后，再在另一端补足预应力值进行锚固。

(5)后张预应力筋的张拉应符合设计要求，设计无规定时，其张拉程序可参照表6-3-2进行。

(6)后张预应力筋断丝及滑移不得超过表6-3-3的控制数。

(7)预应力筋在张拉控制应力达到稳定后方可锚固。预应力筋锚固后的外露长度不宜小于30mm，锚具应用封端混凝土保护，当需长期外露时，应采取防止锈蚀的措施。一般情况下，锚固完毕并经检验合格后即可切割端头多余的预应力筋，严禁用电弧焊切割，强调用砂轮机切割。

后张法预应力筋张拉程序 表6-3-2

预应力筋		张拉程序
钢筋、钢筋束		0→初应力→1.05σ_{con}（持荷2min）→6σ_{con}（锚固）
钢绞线束	对于夹片式等具有自锚性能的锚具	普通松弛力筋0→初应力→1.03σ_{con}（锚固） 低松弛力筋0→初应力→σ_{con}（持荷2min锚固）
	其他锚具	0→初应力→1.05σ_{con}（持荷2min）→σ_{con}（锚固）
钢丝束	对于夹片式等具有自锚性能的锚具	普通松弛力筋0→初应力→1.03σ_{con}（锚固） 低松弛力筋0→初应力→σ_{con}（持荷2min锚固）
	其他锚具	0→初应力→1.05σ_{con}（持荷2min）→0→σ_{con}（锚固）

续上表

预应力筋		张拉程序
精轧螺纹钢筋	直线配筋时	0→初应力→σ_{con}（持荷2min锚固）
	曲线配筋时	0→σ_{con}（持荷2min）→0（上述程序可反复几次）→初应力→σ_{con}（持荷2min锚固）

注：①表中σ_{con}为张拉时的控制应力，包括预应力损失值。

②两端同时张拉时，两端千斤顶升降压、画线、测伸长、插垫等工作应基本一致。

③梁的竖向预应力筋可一次张拉到控制应力，然后于持荷5min后测伸长和锚固。

后张预应力筋断丝、滑移限制 表6-3-3

类　别	检查项目	控制数
钢丝束和钢绞线束	每束钢丝断丝或滑丝	1根
	每束钢绞线断丝或滑丝	1丝
	每个断面断丝之和不超过该断面钢丝总数的	1%
单根钢筋	断筋或滑移	不容许

注：①钢绞线断丝系指单根钢绞线内钢丝的断丝。

②超过表列控制数时，原则上应更换，当不能更换时，在许可的条件下，可采取补救措施，如提高其他束预应力值，但须满足设计上各阶段极限状态的要求。

6.3.3 后张孔道压浆

一、孔道压浆用料的要求

孔道压浆宜采用水泥浆，所用材料的要求如下。

1. 水泥

宜采用硅酸盐水泥或普通水泥。采用矿渣水泥时，应加强检验，防止材性不稳定。水泥的强度等级不宜低于42.5。水泥不得含有任何团块。

2. 水

应不含有对预应力筋或水泥有害的成分，每升水不得含500mg以上的氯化物离子或任何一种其他有机物。可采用清洁的饮用水。

3. 外加剂

宜采用具有低含水率、流动性好、最小渗出及膨胀性等特性的外加剂，它们应不得含有对预应力筋或水泥有害的化学物质。外加剂的用量应通过试验确定。

4. 水泥浆强度的要求

水泥浆的强度应符合设计规定，设计无具体规定时，应不低于30MPa。对截面较大的孔道，水泥浆中可掺入适量的细砂。水泥浆的技术条件应符合下列规定：

(1)水灰比宜为0.40～0.45，掺入适量减水剂时，水灰比可减小到0.35。

(2)水泥浆的泌水率最大不得超过3%，拌和后3h泌水率宜控制在2%，泌水应在24h内重新全部被浆吸回。

(3)通过试验后,水泥浆中可掺入适量膨胀剂,但其自由膨胀率应小于10%。泌水率和膨胀率的试验方法见《公路桥涵施工技术规范》(JTJ 041—2000)附录G-10。

(4)水泥浆稠度宜控制在14~18s,稠度的试验方法见《公路桥涵施工技术规范》(JTJ 041—2001)附录G-11。

二、孔道的准备

压浆前,应对孔道进行清洁处理。对抽芯成型的混凝土空心孔道应冲洗干净并使孔壁完全湿润;金属管道必要时亦应冲洗以清除有害材料;对孔道内可能发生的油污等,可采用已知对预应力筋和管道无腐蚀作用的中性洗涤剂或皂液,用水稀释后进行冲洗。冲洗后,应使用不含油的压缩空气将孔道内的所有积水吹出。水泥浆自拌制至压入孔道的延续时间,视气温情况而定,一般在30~45min范围内。水泥浆在使用前和压注过程中应连续搅拌。对于因延迟使用所致的流动度降低的水泥浆,不得通过加水来增加其流动度。

压浆时,对曲线孔道和竖向孔道应从最低点的压浆孔压入,由最高点的排气孔排气和泌水。压浆顺序宜先压注下层孔道。压浆应缓慢、均匀地进行,不得中断,并应将所有最高点的排气孔依次一一放开和关闭,使孔道内排气通畅。较集中和邻近的孔道,宜尽量先连续压浆完成,不能连续压浆时,后压浆的孔道应在压浆前用压力水冲洗通畅。对掺加外加剂泌水率较小的水泥浆,通过试验证明能达到孔道内饱满时,可采用一次压浆的方法;不掺外加剂的水泥浆,可采用二次压浆法,两次压浆的间隔时间宜为30~45min。

压浆应使用活塞式压浆泵,不得使用压缩空气。压浆的最大压力宜为0.5~0.7MPa;当孔道较长或采用一次压浆时,最大压力宜为1.0MPa。梁体竖向预应力筋孔道的压浆最大压力可控制在0.3~0.4MPa。压浆应达到孔道另一端饱满和出浆,并应达到排气孔排出与规定稠度相同的水泥浆为止。为保证管道中充满灰浆,关闭出浆口后,应保持不小于0.5MPa的一个稳压期,该稳压期不宜少于2min。

压浆过程中及压浆后48h内,结构混凝土的温度不得低于50℃,否则应采取保温措施。当气温高于35℃时,压浆宜在夜间进行。压浆后应从检查孔抽查压浆的密实情况,如有不实,应及时处理和纠正。压浆时,每一工作班应留取不少于3组的70.7mm×70.7mm×70.7mm立方体试件,标准养护28d,检查其抗压强度,作为评定水泥浆质量的依据。

对需封锚的锚具,压浆后应先将其周围冲洗干净并对梁端混凝土凿毛,然后设置钢筋网浇筑封锚混凝土。封锚混凝土的强度应符合设计规定,一般不宜低于构件混凝土强度等级值的80%。必须严格控制封锚后的梁体长度。长期外露的锚具,应采取防锈措施。

对后张预制构件,在管道压浆前不得安装就位,在压浆强度达到设计要求后方可移运和吊装。

6.3.4 质量检验及质量标准

对工程质量的检验,除一般混凝土、钢筋混凝土工程的应有检验项目外,尚应进行钢筋冷拉、预应力钢材编束、孔道预留、施加预应力、孔道压浆等项目的施工检验以及预应力筋、张拉机具、锚夹具的质量检验。

预应力筋制作安装的允许偏差列于表6-3-4及表6-3-5。

先张预应力筋制作安装允许偏差　　表6-3-4

项　　目		允许偏差(mm)
镦头钢丝同束长度相对差	束长 >20m	L/5 000 及 5
	束长 6～20m	L/3 000
	束长 <6m	2
冷拉钢筋接头在同一平面的轴线偏位		2 及 1/10 直径
力筋张拉后的位置与设计位置之间偏位		4% 构件最短边长及 5

后张预应力筋制作安装允许偏差　　表6-3-5

项　　目		允许偏差(mm)
管道坐标	梁长方向	30
	梁高方向	10
管道间距	同排	10
	上下层	10

梁体质量应符合下列规定：

(1)混凝土质量检验应符合《公路桥涵施工技术规范》(JTJ 041—2000)第11章的有关规定。

(2)混凝土表面应平整、密实,预应力部位不得有蜂窝、露筋现象。

任务6.4　结构线形评定

6.4.1　施工观测及控制

一、在支架上浇筑梁式桥的观测内容

施工时应对支架的变形、位移、节点和卸架设备的压缩和支架基础的沉陷等进行观测,如发现超过允许值的变形、变位,应及时采取措施予以调整。

(1)悬臂浇筑混凝土过程中对桥梁的中轴线、高程进行测量观测,误差应在允许范围内。

高程：±10mm；

中轴线偏差:5mm。

(2)悬拼测量及挠度观测。控制每节箱梁施工中的中轴线及高程,监测施工过程中各块箱梁的挠度变化情况,并不断进行调整。

基准梁块四角高差的允许误差为±2mm。

悬拼允许误差：

湿接缝第一块箱梁中线允许误差:2mm；

湿接缝第一块箱梁顶面高程允许误差：±2mm；

悬臂合龙时箱梁中线允许误差:30mm；

悬臂合龙时箱梁相对高程允许误差：±30mm。

(3)应力跟踪测量。对梁体主要断面应力观测值与理论值比较,研究体系转换过程中的应力变化,分析其他因素对箱梁的影响。

二、顶推过程中的施工观测项目

(1)墩台和临时墩承受竖直荷载和水平推力所产生的竖直、水平位移,需要时,观测其应力变化。

(2)桥梁顶推过程中,主梁和导梁控制截面的挠度,需要时,观测其应力变化。

(3)滑动装置的静摩擦系数和动摩擦系数。

观测的结果应随时记录、整理,如超过设计规定限值,应分析原因,采取措施纠正。

装配式桥安装施工过程中,应经常对构件混凝土进行裂缝观测,若发现裂缝超过规定或有继续发展的趋势时,应及时分析研究,找出原因,采取有效措施。

6.4.2 质量标准

一、质量标准

(1)悬臂浇筑预应力混凝土梁式桥的质量标准见表6-4-1。

悬臂浇筑预应力混凝土梁质量标准　　表6-4-1

项　目		规定值或允许偏差(mm)
混凝土强度(MPa)		符合设计要求
轴线偏位	$L \leq 100m$	10
	$L > 100m$	$L/10\,000$
顶面高程	$L \leq 100m$	±20
	$L > 100m$	$L/5\,000$
	相邻节段高差	10
断面尺寸	高度	+5,-10
	顶宽	±30
	顶底腹板厚	+10,0
同跨对称点高程差	$L \leq 100m$	20
	$L > 100m$	$L/5\,000$

(2)预应力悬臂拼装梁桥安装完成时的质量标准见表6-4-2。

预应力悬臂拼装梁桥安装完成时的质量标准　　表6-4-2

项　目		规定值或允许偏差(mm)
混凝土强度(MPa)		符合设计要求
轴线偏位	$L \leq 100m$	10
	$L > 100m$	$L/10\,000$
顶面高程	$L \leq 100m$	±20
	$L > 100m$	$\pm L/5\,000$
	相邻节段高差	10
同跨对称点高程差	$L \leq 100m$	20
	$L > 100m$	$L/5\,000$

(3)预应力混凝土桥顶推安装完成后的允许偏差可按照悬臂拼装梁桥规定执行。

(4)简支梁、板就位后与支座须密合,否则应重新安装,安装的允许偏差见表6-4-3。

简支梁、板安装允许偏差 表6-4-3

检查项目		允许偏差	检查项目	允许偏差
支座中心偏位(mm)	梁	5	竖直度	1.2%
	板	10	梁、板顶面纵向高程(mm)	+8,-5

附录

钢筋安装质量检验评定表、钢筋网质量检验评定表、后张法质量检验评定表、混凝土基础质量检验评定表、桥梁总体质量检验评定表分别见附表1~附表5。

附表 1

钢筋安装质量检验评定表

项目名称：　　合同段：　　单位工程名称：　　（子）分部名称：　　（子）分项名称：

监理单位：　　施工单位：

<table>
<tr><th>项次</th><th colspan="3">检 查 项 目</th><th>规定值或允许偏差</th><th>检查方法和频率</th><th>权值</th><th>设计值</th><th>检查实测值</th><th>得分</th></tr>
<tr><td rowspan="4">1△</td><td rowspan="4">受力钢筋间距（mm）</td><td colspan="2">两排以上排距</td><td>±5</td><td rowspan="4">尺量：每构件检查 2 个断面</td><td rowspan="4">3</td><td rowspan="4"></td><td></td><td rowspan="4"></td></tr>
<tr><td rowspan="2">同排</td><td>梁、板、拱肋</td><td>±10</td><td></td></tr>
<tr><td>基础、锚碇、墩台、柱</td><td>±20</td><td></td></tr>
<tr><td colspan="2">灌注桩</td><td>±20</td><td></td></tr>
<tr><td>2</td><td colspan="3">箍筋、横向水平钢筋、螺旋筋间距（mm）</td><td>±10</td><td>尺量：每构件检查 5 ~ 10 个间距</td><td>2</td><td></td><td></td><td></td></tr>
<tr><td rowspan="2">3</td><td rowspan="2">钢筋骨架尺寸（mm）</td><td colspan="2">长</td><td>±10</td><td rowspan="2">尺量：按骨架总数 30% 抽查</td><td rowspan="2">1</td><td rowspan="2"></td><td></td><td rowspan="2"></td></tr>
<tr><td colspan="2">宽、高或直径</td><td>±5</td><td></td></tr>
<tr><td>4</td><td colspan="3">弯起钢筋位置（mm）</td><td>±20</td><td>尺量：每骨架抽查 30%</td><td>2</td><td></td><td></td><td></td></tr>
<tr><td rowspan="3">5△</td><td rowspan="3">保护层厚度（mm）</td><td colspan="2">柱、梁、拱肋</td><td>±5</td><td rowspan="3">尺量：每构件沿模板周边检查 8 处</td><td rowspan="3">3</td><td rowspan="3"></td><td></td><td rowspan="3"></td></tr>
<tr><td colspan="2">基础、锚碇、墩台</td><td>±10</td><td></td></tr>
<tr><td colspan="2">板</td><td>±3</td><td></td></tr>
<tr><td>6</td><td colspan="5">分项工程得分</td><td>11</td><td colspan="2"></td><td></td></tr>
<tr><td rowspan="2">7</td><td colspan="3" rowspan="2">外观质量</td><td colspan="2">钢筋表面无铁锈及焊渣。不符合要求时，减 1 ~ 3 分</td><td rowspan="3">检查结果</td><td colspan="2"></td><td></td></tr>
<tr><td colspan="2">多层钢筋网要有足够的钢筋支撑，保证骨架的施工刚度。不符合要求时，减 1 ~ 3 分</td><td colspan="2"></td><td></td></tr>
<tr><td>8</td><td colspan="3">内业资料</td><td colspan="2">资料、图表残缺，缺乏最基本数据，有伪造涂改者，不予检验和评定。资料不全者，视情况每款减 1 ~ 3 分</td><td colspan="2"></td><td></td></tr>
<tr><td>9</td><td colspan="3">分项工程评分</td><td colspan="6"></td></tr>
<tr><td>10</td><td colspan="3">质量等级</td><td colspan="6"></td></tr>
</table>

监理工程师：　　日期：　　检测人：　　日期：　　承包人：　　日期：

附表 2

钢筋网质量检验评定表

项目名称：　　合同段：　　单位工程名称：　　（子）分部名称：　　（子）分项名称：

监理单位：　　施工单位：

项次	检 查 项 目	规定值或允许偏差	检查方法和频率	权值	设计值	检查实测值	得分
1	网的长、宽(mm)	±10	尺量:全部	1			
2	网眼尺寸(mm)	±10	尺量:抽查 3 个网眼	1			
3	对角线差(mm)	15	尺量:抽查 3 个网眼对角线	1			
4	分项工程得分			3			
5	外观质量	钢筋表面无铁锈,无焊渣。不符合要求时,减 1~3分		检查结果			
		多层钢筋网要有足够钢筋支撑,保证骨架的施工刚度。不符合要求时,减 1~3 分					
6	内业资料	资料、图表残缺,缺乏最基本数据,有伪造涂改者,不予检验和评定。资料不全者,视情况每款减 1~3 分					
7	分项工程评分						
8	质量等级						

监理工程师：　　日期：　　检测人：　　日期：　　承包人：　　日期：

附表 3

后张法质量检验评定表

项目名称：　　合同段：　　单位工程名称：　　（子）分部名称：　　（子）分项名称：

监理单位：　　施工单位：

项次	检查项目		规定值或允许偏差	检查方法和频率	权值	设计值	检查实测值	得分
1	管道坐标（mm）	梁长方向	±30	尺量：抽查 30%，每根检查 10 个点	1			
		梁高方向	±10					
2	管道间距（mm）	同排	10	尺量：抽查 30%，每根检查 5 个点	1			
		上下层	10					
3△	张拉应力值		符合设计要求	查张拉记录	4			
4△	张拉伸长率		±6%	查张拉记录	3			
5	断丝滑丝数	钢束	每束 1 根，且每断面不超过钢丝总数的 1%	查张拉记录	3			
		钢筋	不允许					
6	分项工程得分				12			
7	外观质量		预应力筋表面应保持清洁，不应有明显的锈迹。不符合要求时，减 1～3 分		检查结果			
8	内业资料		资料、图表残缺，缺乏最基本数据，有伪造涂改者，不予检验和评定。资料不全者，视情况每款减 1～3 分					
9	分项工程评分							
10	质量等级							

监理工程师：　　日期：　　检测人：　　日期：　　承包人：　　日期：

附表 4

混凝土基础质量检验评定表

项目名称：　　合同段：　　单位工程名称：　　（子）分部名称：　　（子）分项名称：

监理单位：　　施工单位：

<table>
<tr><th>项次</th><th colspan="2">检 查 项 目</th><th>规定值或允许偏差</th><th>检查方法和频率</th><th>权值</th><th>设计值</th><th>检查实测值</th><th>得分</th></tr>
<tr><td>1△</td><td colspan="2">混凝土强度(MPa)</td><td>在合格标准内</td><td>按《公路工程质量检验评定标准(土建工程)》(JTG F80/1—2004)附录 D 检查</td><td>3</td><td></td><td></td><td></td></tr>
<tr><td>2</td><td colspan="2">平面尺寸(mm)</td><td>±50</td><td>尺量:长、宽各检查 3 处</td><td>2</td><td></td><td></td><td></td></tr>
<tr><td rowspan="2">3△</td><td rowspan="2">基础底面高程(mm)</td><td>土质</td><td>±50</td><td rowspan="2">水准仪:测量 5～8 点</td><td rowspan="2">2</td><td rowspan="2"></td><td></td><td rowspan="2"></td></tr>
<tr><td>石质</td><td>+50，-200</td><td></td></tr>
<tr><td>4</td><td colspan="2">基础顶面高程(mm)</td><td>±30</td><td>水准仪:测量 5～8 点</td><td>1</td><td></td><td></td><td></td></tr>
<tr><td>5</td><td colspan="2">轴线偏位(mm)</td><td>25</td><td>全站仪或经纬仪:纵、横各检查 2 点</td><td>2</td><td></td><td></td><td></td></tr>
<tr><td>6</td><td colspan="4">分项工程得分</td><td>10</td><td colspan="3"></td></tr>
<tr><td>7</td><td colspan="2">外观质量</td><td colspan="2">混凝土表面应平整，无明显施工接缝。不符合要求时，减 1～3 分</td><td rowspan="2">检查结果</td><td colspan="2"></td><td></td></tr>
<tr><td>8</td><td colspan="2">内业资料</td><td colspan="2">资料、图表残缺，缺乏最基本数据，有伪造涂改者，不予检验和评定。资料不全者，视情况每款减 1～3 分</td><td colspan="2"></td><td></td></tr>
<tr><td>9</td><td colspan="2">分项工程评分</td><td colspan="6"></td></tr>
<tr><td>10</td><td colspan="2">质量等级</td><td colspan="6"></td></tr>
</table>

监理工程师：　　日期：　　检测人：　　日期：　　承包人：　　日期：

附表 5

桥梁总体质量检验评定表

项目名称：　　合同段：　　单位工程名称：　　(子) 分部名称：　　(子)分项名称：

监理单位：　　施工单位：

项次	检查项目		规定值或允许偏差	检查方法和频率	权值	设计值	检查实测值	得分
1	桥面中线偏位(mm)		20	全站仪或经纬仪：检查 3 ~ 8 处	2			
2	桥宽(mm)	车行道	±10	尺量：每孔 3 ~ 5 处	2			
		人行道	±10					
3	桥长(mm)		+300，-100	全站仪或经纬仪、钢尺检查：中心线	1			
4	引道中心线与桥梁中心线的衔接(mm)		20	尺量：分别将引道中心线和桥梁中心线延长至两岸桥长端部，比较其平面位置	2			
5	桥头高程衔接(mm)		±3	水准仪：在桥头搭板范围内顺延桥面纵坡，每米 1 点测量高程	2			
6	分项工程得分				9			
7	外观质量		桥梁的内外轮廓线条应顺滑清晰，无突变、明显折变或反复现象。不符合要求时，减 1 ~ 3 分		检查结果			
			栏杆、防护栏、灯柱和缘石的线形顺滑流畅，无折弯现象。不符合要求时，减 1 ~ 3 分					
			踏步顺直，与边坡一致。不符合要求时，减 1 ~ 2 分					
8	内业资料		资料、图表残缺，缺乏最基本数据，有伪造涂改者，不予检验和评定。资料不全者，视情况每款减 1 ~ 3 分					
9	分项工程评分							
10	质量等级							

监理工程师：　　日期：　　检测人：　　日期：　　承包人：　　日期：

参考文献

[1] 姚玲森.桥梁工程(第二版)[M].北京:人民交通出版社,2008.

[2] 叶见曙.结构设计原理[M].北京:人民交通出版社,2005.

[3] 黄侨.公路钢筋混凝土简支梁桥的体外预应力加固技术[M].北京:人民交通出版社,1998.

[4] Mohamed H. Harajli. Strengthening of concrete Beams by External Prestressing[J]. PCI Journal, Nov.-Dec. 1993:76-88.

[5] 张汝清,董明.结构计算程序设计[M].重庆:重庆出版社,1988.